［英］戴尔·洛弗尔（Dale Lovell） 著

原生广告
NATIVE ADVERTISING

蔡郁 译

中信出版集团 | 北京

图书在版编目（CIP）数据

原生广告 /（英）戴尔·洛弗尔著；蔡郁译 . -- 北京 : 中信出版社 , 2020.8
书名原文 : Native Advertising: The Essential Guide
ISBN 978-7-5217-1731-0

Ⅰ . ①原… Ⅱ . ①戴… ②蔡… Ⅲ . ①广告—市场营销学 Ⅳ . ① F713.86

中国版本图书馆 CIP 数据核字（2020）第 048659 号

原生广告

著　　者：[英]戴尔·洛弗尔
译　　者：蔡　郁
出版发行：中信出版集团股份有限公司
　　　　　（北京市朝阳区惠新东街甲 4 号富盛大厦 2 座　邮编　100029）
承 印 者：三河市中晟雅豪印务有限公司

开　　本：880mm×1230mm　1/32　　印　张：10　　字　数：200 千字
版　　次：2020 年 8 月第 1 版　　印　次：2020 年 8 月第 1 次印刷
京权图字：01-2019-3292
书　　号：ISBN 978-7-5217-1731-0
定　　价：62.00 元

献给克洛伊和埃莱丽

目　录

第三部分　运营原生广告的实际操作指南

第
一
部
分

什么是原生广告？

第一章　什么是原生广告？

定义

原生广告是一种付费媒介形式。广告内容和用户体验直接相关，完全融入周围内容且不显得突兀。

原生广告无论看起来还是感觉上，都和其周围的内容十分相似。这类广告之所以被称为"原生"，是因为外观和表现形式与其所在平台的其他内容相似。这类广告位于网站编辑信息部分，表现形式和网站已有的编辑内容相同。例如，用户通常需要点击内容来实现互动。

第二章　介绍

我的故事

2012 年初，我和我的商业伙伴弗朗西斯·特纳正在伦敦温莎的办公室里。在那里，我们经营着一家负责内容及分发的初创公司——Content Amp。这家公司成立于 2010 年，完全由我们两个人出资。那时，我们有 9 到 10 名员工，都是刚刚毕业的学生。我们挤在一间只能容纳 5 人左右的办公室内工作。那是我们创业的最初阶段。

我们的主要业务是为品牌生产内容，并且将内容分发、分享到相关的博客及出版物中。我们的业务包括一部分内容营销，一部分博客推广，一部分影响力营销，以及一部分搜索引擎优化。公司盈利不断增多，业务规模逐渐扩大。但是，我们也意识到内容创作的局限性。内容创作很难形成规模，特别是在没有投资或者资金支持的情况下。我们热爱内容营销，也对市场充满热情，但是我们需要寻找能够使我们与众不同、使我们成长的东西。

于是，我们发现了原生广告。更准确地说，是弗朗西斯发现了原生广告。因为是他定期关注美国广告界的新动向，而非我。他向我分享了一些来自美国的关于网络营销的文章，这些文章通篇围绕着一个新词：原生广告。我们一起浏览这些文章。我和弗朗西斯都在数字化营销方面积累了十多年的经验。弗朗西斯专注于广告销售、广告技术以及广告平台方面，而我在数字化内容、出版及数字化营销方面比较有经验。我们不断阅读、调研与讨论。

我们都本能地理解原生广告世界的结构，我们可以看出这类广告如何产生、为何发展，以及它如何适应数字化营销领域中的主流内容营销趋势。特别是基于在广告技术、内容及出版方面的经验，我们可以看出原生广告适合我们的业务，也可以看出其中蕴藏的巨大机遇。

我们十分兴奋。原生广告似乎和我们的合作伙伴——广告内容以及网络规模级的创造力完美契合。随着调研的深入，我们越来越喜欢原生广告。很快，我们意识到，尽管英国拥有全世界最先进的数字技术以及顶级的广告营销，但是还没有人谈起原生广告。在这一领域，还没有人开始行动。经过几个月的调查之后，我们决定将公司业务的重心转向原生广告。从此，我们开始了一段冒险之旅。

随后，事情发展迅速。在英国发展原生广告需要技术。我们让开发商进行了深入的考察。同时，我们继续寻找风险投资，会见了很多潜在的投资者。我们见过的投资者都对原生广告这个提议很感兴趣，但是我们也能感觉到他们中的大部分人对于这个新市场还不太了解。

其中，来自巴黎 Banexi 投资公司（后更名为 Kreaxi）的投资者菲利普·赫伯特刚好是 ADYOULIKE 的初始投资人。ADYOULIKE 是一家总部位于巴黎的本土技术平台公司，在法国原生广告界首屈一指。它是我们的"领路人"。

我们与赫伯特进行了会面。很快，我们与 ADYOULIKE 的联合创始人朱利恩和约翰建立起融洽的关系。在谈到原生广告时我们志同道合，有很多共同语言。他们和我们一样意识到了原生广告市场的巨大机遇。经过几个月的相互了解及沟通之后，在 2014 年 3 月，我们的公司 Content Amp 并入 ADYOULIKE。

在这一过程中，我们创立了英国首家，同时也是欧洲领先的信息流原生广告科技公司。自此以后，我们推动欧洲原生广告市场的发展，使其逐步成长为年产值近 100 亿美元的行业。我们最初默默无闻，后来勇敢创业，如今在快速扩张的全球市场中走在营销、广告及科技的最前沿，并在巴黎、伦敦、纽约设立了办事处。

但是最激动人心的部分是，原生广告市场依旧处于萌芽状态。原生广告影响着我们每个人的生活，每一个拥有智能手机的人每天几乎一定会和原生广告打交道。2018 年，原生广告市场估值 590 亿美元，预计 2020 年将达到 855 亿美元。在未来几年内，这是所有希望获得成功的广告客户都需要了解并使用的一种媒介形式。

原生广告：数字化的本土广告形式

尽管"原生广告"这个词源于广告的形式和内容与编辑内容相似，与所在的内容发布平台一致，但是我认为对原生广告形式最贴切的描述是生长于——原生于——网络环境。原生广告是一种数字广告形式，我深信这一点。

最初的网站采用横幅广告，这是一种复制报纸中常见的标准广告模块的形式。一条横幅上写着："这些标准块状单元是广告位。"即使在现在，视频广告也常常改编自电视广告。所有这些都是互联网出现之前的广告形式。

而原生广告不同。作为数字媒介，原生广告吸纳了其他媒介中的元素，并合理运用到数字世界中。在我看来原生广告是数字世界中第一种"本土"广告。我们进入大众互联网应用时代仅仅 20 年，移动浏览还远不足 20 年。我认为未来所有数字广告都会采用原生广告的形式。我将在本书中详细阐述原因以及方法。

数字广告发展历程

原生广告的诞生，部分是因为数字化用户趋势——移动互联网、社交媒体、视频、主题、广告拦截、出版发行业衰落，以及很多细微的变化。在本书中我将详细阐述所有这些内容甚至更多。我们将详细探讨在原生广告竞争中需要了解的所有内容。当然，我们也会关注例如虚假新闻、广告欺诈、数字媒体经济等一些内容。这些内容和原生广告并没有直接关联，但是如果想理解原生广告的内涵，这些是必须了解的。

只有在回顾了数字媒体 20 年来的发展历程后，一切才会突然明了。所以，在写一本关于原生广告的书时，我很快意识到，为了讲清楚原生广告——解释原生广告的重要性、解释为何这样的媒介形式值得投资，我也必须同时完整讲述数字媒体的发展。

对于一些人来说，原生广告是数字出版业期待已久的解决方案。原生广告的形式扭转了数字出版业的命运，开创了出版业的新时代。而对于另外一些人来说，这标志着出版业的衰落，反映出编辑独立性的消失，标志着出版业最后防线的崩溃。这一行业经历了死猫式反弹①，在 20 多年里，努力寻找新的商业模式，但均以失败告终。

---

① 死猫式反弹，股市行话，指的是股市在长期下跌后，短时间内迅速反弹，然后继续下跌的情况。——译者注

改进而非改革

尽管很多既得利益者会试图告诉你原生广告是一场变革，但本质上，原生广告的出现不是广告业的改革，而是一种改进。原生广告是由于网络消费习惯改变而产生的一种媒介形式。在移动先行的世界中，广告形式有所改进。在信息流不断涌现的世界中，广告内容有所改进。在信息流涌现的世界中，只有以娱乐形式或提供信息的形式进行干扰才有效。对于出版商来说，原生广告改进了出版业以及平台获取盈利的模式，出版业再也不用依靠印刷出版物获取日益减少的收益。原生广告也改进了新闻编辑部及编辑岗位。原生广告技术有助于对抗广告拦截，有助于推广出版商每天创造的无数品牌内容。我非常荣幸且非常激动，可以参与到这些改变中。

我在原生广告行业工作，研究原生广告，撰写关于原生广告的内容，实践原生广告理论。我也试图从外部观察原生广告。原生广告诞生之前是什么样子？未来会有怎样的发展？这些都是本书将讨论的问题。

在本书中，我将详细阐述原生广告的定义，深入讨论不同类型的原生广告，以及这种广告如何为你所在的机构服务。我会就一些话题，例如原创内容生产、程序化的原生广告、原生广告项目效果评估等，根据已有经验为你提供第一手建议，提供广泛的案例研究，以及来自原生广告界全球顶级专家的观点。

我们也会讨论原生广告思维、原生广告从业者应该具有的素质，以及原生广告的未来发展。

本书中，一些涉及实用技巧指导的原生广告领域，例如社交媒体广告，我仅简单涉及，没有做深入探讨。这是为什么呢？实际上，书店里还有很多更好的书为读者提供了营销者亲身实践过的实用建议，远比我书中几页纸的内容更丰富。因此，对于书中这些故意遗漏的部分我并没有感到歉疚。

但是，如果你想了解更多关于原生广告生态系统的细节和发展历程，想获得一些实用的建议，本书刚好适合你。实际上，在撰写本书时，它是唯一包含有关原生广告各种话题内容的书。

在书中，我特意加入了自己的故事和经历，因为我们都爱听故事，故事也是原生广告的核心。

读完本书后，你将了解原生广告领域内需要知道的所有内容。但是，我也希望你能对数字世界，特别是数字世界的商业方面有所了解。这是我在开始写作本书时的宏伟目标，我认为这个目标范围精准且独到。

在接下来的几年中，原生广告将影响我们每个人的日常生活。在本书中，我试图突出这些广告背后的创意性、技术性、商业性部分。希望你喜欢本书。

第三章 为何原生广告如此重要？

数字广告世界以流行词、缩略词和用户预期为基础。每年都会有时尚的新词产生，这号称能够解决所有数字广告问题。这一领域的资深人士，以及努力辨别什么重要、什么不重要的市场营销人员，面对新产生的流行词，很容易产生困惑，表现出怀疑的态度甚至产生敌意。

如果你也属于这类人，那么本章内容就是为你准备的。在本章中，我将重点解释为何原生广告不仅仅是又一个流行词。

内容市场的崛起

如今，我们生活在内容无处不在的数字世界中。如果不生产内容，你在网络上就什么也不是。在达米安·瑞安的《理解数字营销》一书中，有一章是关于内容市场和原生广告的，在此章中我写道："无数不同形式的内容是数字营销者用来吸引用户、与用户互动、影响用户的通货。"[1]

如果你想要找一份关于内容营销以及它如何整体融入数字营销的大纲，我推荐你从瑞安的书开始看。但是，总的来说，品牌内容创造的激增是原生广告背后的主要动力。

越来越多的品牌开始创造自己的内容。例如通用电气一直在内容营销方面大量投资。可口可乐——全世界最大的品牌之一，将内容作为"内容 2020"广告策略的核心。这些似乎就解释了为什么会产生越来越多的品牌内容。

由于一周 7 天，每天 24 小时的网络连接，所有广告商都需要更多内容来保持用户的新鲜感以及与用户的联系。如果你希望在世界范围内取得成功，就必须拥有层出不穷的想法。[2]

与未进入数字时代之前相比，品牌自主生产、发布内容的阻碍大幅降低。即使对于小公司来说，注册、经营一个博客的成本也几乎可以忽略不计。通过社交媒体和搜索引擎接触用户成为可能。内容营销并非新形式。早在 1895 年，拖拉机生产商约翰·迪尔就创办出版了自己的杂志《犁》(The Furrow)。1900 年，轮胎制造商米其林曾为法国驾驶者提供汽车维护指南，指南中包括很多旅行及住宿推荐。1966 年，耐克出版了一本 19 页的小册子——《慢跑》，在美国推广慢跑这种形式的运动。但是在数字优先的世界中，内容生产的规模和用户对于内容的喜好永远是新的。

内容营销神话

　　品牌在某种程度上受内容的欺骗。它们被谎言欺骗。搜索专家、社交媒体专家、数字营销专家都会告诉品牌，如果在博客上创作并发布内容，品牌将会受到很多人的追捧，并收到点赞，被人们分享。品牌唯一需要做的事情就是生产内容，生产很多内容。因此，品牌机构根据业务情况以及专家的观点创立内容工作室或者内容工厂，生产出大批质量参差不齐的内容。有时候是为了内容而生产内容，这样的内容昂贵、抽象、复杂且难以量化。从高层管理者的角度来说，很难为这样的内容生产做出合理解释，他们并不能理解。结果就是，很多品牌放弃了内容。内容营销对于它们来说没用。

　　但是在混乱的内容中有一些很棒的想法，以及一些很棒的故事，这些是用户乐于见到的内容。在这些杂乱无章的背后，每个品牌都有其个性，但是没有人能发现。很多时候，人们并不知道个性的存在，或者说只有很少的人能发现这种个性。这就是原生广告需要做的事情。

用于内容推广的原生广告

原生广告是一种将品牌内容分发给用户的方式。原生广告最初在脸书、推特、领英等平台上发展，之后逐渐进入出版业。对于一些自己并不生产内容而是利用出版商服务为其生产预定内容的品牌来说，现在有一个新词可以用来描述曾经被它们称为社论式广告的内容，但是这个新词包含更广阔的范围、更独特的创造性、更完善的测评标准。

原生广告为品牌提供了一种推广内容的方式——在内容营销提供的"免费"媒体中加入一种有偿元素。原生广告可以帮助企业发展内容营销，使内容可以评估。

> 总结：对于当今的数字广告而言，内容是关键，原生广告是这些品牌内容默认的分发模式。

一个移动先行的世界

无论是品牌内容还是标准编辑内容，用户对内容的偏好都取决于移动端。我们生活在一个由信息流主导的、移动先行的世界中。智能手机用户平均每人每天看手机次数超过 76 次，其中，重度手机用户平均每人每天使用手机 132 次。dscout 是一家专门为企业搜集并分析视频、图片、文字，以及调查反馈数据的移动研究平台。dscout 研究显示，尽管以上数字代表人们每天看手机的次数，但实际上，人们平均每天接触、点击、滑动手机多达 2 617 次。这是一个不小的数目。智能手机用户平均每人每天使用手机 145 分钟，即 2 小时 25 分钟，其中，重度用户每人每天使用手机可达到 225 分钟，即 3 小时 45 分钟。[3]

在计算机上，信息流依旧力量巨大。无数追踪人们关注焦点的热点图研究显示，人们的注意力集中在信息流上。但在页面内容右边的区域，即传统内容发布平台放置横幅广告的位置，会被忽视。

信息流的重要性

如今，大部分使用手机的人是为了消费信息流分发出的内容，如脸书信息流、Instagram（照片墙）信息流、Pinterest（拼趣）信息流、推特信息流、手机应用信息流、发布者信息流等。这些信息流是用户聚集的地方，日复一日。

在现代营销中，信息流是家中的电视机，是工作场所的茶水间。唯一能将用户的注意力吸引到信息流上的方式就是通过内容。大规模推广没用。对于大规模推广，用户会选择性地忽略，甚至会在网络上发起强烈抵制。几乎没有公司能够妥善处理网络抵制。除非为用户提供娱乐性内容或者信息丰富的内容，否则广告插入没有效果。如果没有娱乐性内容或信息丰富的内容，信息流中的用户会立即离开。

2015 年的一项研究显示，网络用户平均注意力持续时间只有 8 秒，相较于 2000 年的 12 秒有所下降。因此，如果想要利用移动端，问题显而易见。[4]

在信息流中，有趣的内容是与用户互动的唯一方式。原生广告是投递内容，并使用户参与其中的唯一方式。

故事的力量

数字广告提供了很多优势。它拥有其他媒介难以达到的范围。如果你想在针对印度青少年发起一项广告宣传的同时针对澳大利亚的老奶奶发起广告宣传，采取数字广告的形式比采用其他广告形式容易得多。数字广告拥有其他媒介难以匹敌的可说明性：广告商可以追踪每一份广告开支以及广告开支触及的范围。例如，他们可以了解到哪个活动带来的销售量最大。一条广为流传的数字广告准则是这样说的："恰当的人，恰当的时间，恰当的地点。"

对于现在很多数字广告商来说，先进的广告技术使这条准则成为现实。他们保证广告支出不会浪费在错误的目标上，使投资不会没有回报。在大部分情况下，数字广告可以实现这样的承诺。

随着不断的技术变革带来越来越多的数据、目标和可量化的行为，很多数字营销者忘记了有效广告的核心原则是讲好故事。特别是在数字媒体发展早期，网络广告大多是无聊、相似且不带情感的产品信息清单及陈旧的横幅广告。他们没有在广告中加入任何想象力。但是，很显然，这没有关系，因为所有东西都可以追踪、分析。广告商很开心投资获得了回报。

随着数字世界的发展，对于大多数用户来说，上网的新鲜感已经不存在了，点击横幅广告的新鲜感也没有了。随着消费者逐渐转变，技术逐渐升级，这些方法不管用了。

广告界的传奇大卫·奥格威有一句名言："如果让人们感到无聊，他们不会购买你的产品；只有让人们觉得有趣，他们才会购买。"[5] 你的产品或服务如何吸引人们的兴趣？要让人们觉得和自己有关联。如何让人们觉得和自己有关联？最好的方式就是给他们讲故事。

这不仅仅是从营销角度来讲，越来越多的证据表明，故事在人们储存记忆、组织信息的过程中，扮演着重要角色。

讲故事和记忆

我们都爱听故事。但是，直到最近，人们才开始认识到故事以及讲故事对于我们发展的重要性。

我们是一个沉浸在故事中的物种。故事和我们如何加工信息相关。事实上，人类学家、科学家、历史学家都认为人类独一无二的讲述及分享故事的能力对于人类这一物种的成功至关重要。尤瓦尔·赫拉利在其十分畅销的《人类简史》一书中提出，人类理解故事或者说"虚构"的能力帮助人类从以狩猎、采集为生逐步强大，成为地球上的主宰生物。他写道："'虚构'这件事的重点不只在于让人类能够拥有想象，更重要的是还可以'一起'想象。"[6]

故事一直是人类生活的核心。我们一起用故事想象自己和其他人的未来，共同朝着一个目标努力。故事是我们将信息传递给他人的方式，我们通过故事让他人相信采取某项行动是正确的。

但作为个体，我们天生以叙述的方式思考。我们利用故事来做决定，来进行记忆。

2016 年 1 月，南加利福尼亚大学的乔纳斯·卡普兰通过实时脑部扫描揭露了故事让人类思考最深层次的价值，促使人类大脑某一区域活跃，这个区域相当于人类脑部的"自动导航仪"。[7]卡普兰表示："很显然，故事是人类大脑组织信息、记忆信息的基本方式。"

对于大多数人来说，故事总会引起一些情绪反应，比如爱、高兴、恐惧、生气甚至无聊。这也是为什么好的广告都在讲故事，用故事与人们产生联系。

极少数事物能做到这一点。实际上，如果你没有亲身经历，几乎没有其他事情可以引起你的情绪反应。故事让我们成为人类。故事唤醒我们的想象。要想享受故事，你必须做到：第一，想象自己置身其中，处在某个地方或经历着什么；第二，和故事中的参与者产生情感共鸣。

人类最根本的特质包括：想象力、共情能力、欲望。气味常常和记忆、情感联系到一起，但是气味到底触发了什么呢？一般情况下，某种特定气味触发回忆，回忆勾起脑海中的一段故事。例如，新鲜的青草味会让很多人想起童年的夏日在花园中玩耍的场景，而有些人会想起某些比赛，比如足球赛、网球赛，以及会想起曾经参与的某场精彩比赛。

回忆就是故事，故事是触及情感的一种简单方式。只要有人类情感，就有故事。

加拿大约克大学的心理学副教授雷蒙德·马尔认为："人们读故事的时候会触及个人经历。我们不仅仅依靠纸上的文字阅读，还靠我们的过往经历。"2014年，马尔发表了一项关于幻想与现实生活中共情、认知、行为关系的研究。他说："我们常常产生和故事情节相关的想法和情感。尽管幻想是人们编造的，但是幻想可以传递真实的人类心理和人际关系。"[8]

我们如何日复一日地讲自己的故事

每一天，每分每秒，我们都在脑海中书写着自己的故事，或有意识，或无意识。每一张发布在 Snapchat（色拉布）或 Instagram 上的自拍照片或者食物照片都是意识产物，是我们想展示给众人的个人故事，代表着我们想展示给这个世界的内容。

每天，我们会在潜意识中产生 10 个、20 个甚至 30 个故事。

通常，我们只是不知道这些故事的存在。每个人信息流中的内容，是经过我们编辑、复制后希望展示给世界的内容。但是每一天，每分每秒，我们都在实践着我们的故事——无论我们是否意识到这一点，我们所做的每一个决定都在"讲述着"我们生活的故事。我们总是在规划未来，总是在分析过去的事情，这些想象都是通过讲故事的方式实现的。这就是人类如此喜欢故事的原因，也是营销者总是试图通过故事传递信息的原因。

故事和原生广告有什么关系？

一些读者可能会想，上述内容很有趣，但是和原生广告有什么关系呢？关系很大。故事是所有成功的内容营销活动的核心。当讲述了最好的故事时，原生广告的效果最佳。

如何判断一个想法或者做法是否有用？如何决定是否购买一项产品或者服务？为什么要决定选择这项业务而不是其他的？我们利用想象力来创造一个关于问题的本质是什么、如何、何时的故事，这个想法可以被解决，以及想象我们在故事中"获得成功"。

这也是你向用户传递广告信息时他们思考的过程。广告可以唤起故事，触发情感。你是否利用广告信息讲了一个好故事？是否触发了预期的用户回应，使用户与品牌形成互动？

现代集体篝火

回顾史前人类聚集在篝火旁一起分享故事的场景，我们的生活规律和认知构造似乎没有发生什么变化。快进到当今时代，我们依旧在寻找故事且乐于分享故事。但是如今，人类不再聚集在篝火旁，人类聚集到了哪里呢？

逐渐地，我们聚集到移动设备的"信息流"周围，例如脸书、推特、Instagram、领英等社交媒体信息流，以及各种各样不同的发布者信息流和应用程序。每次我们进入信息流，就会有意识地，或者从某种程度上讲无意识地，寻找一个故事。我们寻找可以和其他人一起谈论、分享的故事。

原生广告帮助品牌把它们的故事带到当今时代的"篝火"旁。这直接对准了人类的内在特征——对故事无止境的需求。

最好的广告永远有故事感染力

这些对于非数字广告商来说并不新鲜。例如，奥格威在 20 世纪五六十年代的《广告狂人》①时代就了解这些。但是，对于数字营销者来说，这些内容相对比较陌生。2010 年左右，内容营销发展壮大，最终将营销信息的内容或者说故事带入数字世

———————

① 《广告狂人》，一部美国年代剧，故事背景设定在 20 世纪五六十年代的纽约的一家广告公司里。——编者注

界。在此之前，内容确实被忽视了。

原生广告把创造力带回数字世界

作为一种注重评估效果的媒介，数字广告前 20 多年的发展一直围绕着广告商的投资回报进行。为了更好的广告效果，我们可以做什么？如何为品牌创造更多价值？评估指标——点击量、曝光量、停留时间、分享量、引导量、销售量等，是成败的衡量标准。这样并没有什么不好。毕竟，更好的回报促使数字广告市场发展到如今的规模，使广告业成为年产值数十亿美元的产业。

但是，故事被忽略了。创意让位于评估表现。用户和广告形式之间的价值交换，以及故事叙述从未或很少被纳入考虑，行业人员迷失在侵入式广告形式、评估指标、分析标准之中。这一点值得注意。

对于点击量、访问量、互动量等行为评估标准过于依赖。顶级市场研究及广告效果分析公司明略行的拉丁美洲数字媒体主管詹姆斯·加尔平在该公司《2016 年数字媒体预测》报告中写道："单纯以行为反应方式评估网络及移动端过于狭隘，忽视了这些平台建设品牌、建立沟通渠道促进需求的潜力。"[9]

但是这样的情况正在改变。随着原生广告的发展，这样的情况会继续改变。横幅广告的表现每况愈下，内容营销及原生广告分发形式逐渐流行，数字价值交换获得重新评估。以故事为基础的营销处于这次改变的最前沿。

技术与创意结合

虽然原生广告可能是作为内容分发和移动先行世界中的自然广告媒介而诞生的，但是原生广告增长的另一个关键原因是技术和创造力。艺术和科学结合在一起了。先进的技术与创造力结合，制造以故事为主导的广告机遇，这意味着在数字广告世界中，能做到什么或不能做到什么在很大程度上都受制于我们的想象力。作为一种媒介，原生广告为我们提供了更多展示想象力的空间。科技为原生广告增添了助力而非阻碍。

在后面的章节中，我们将围绕数据详细介绍原生广告策略、原生广告定位以及程序化。从单纯的技术角度讲，原生广告有很多优势。一条小的横幅广告很难吸引用户，特别是在网页边缘弹出的广告，很容易被忽略。这种广告仅仅是一个小框，里面仅能添加文字或图片，或者二者兼有，仅此而已。

原生广告的形式能够提供更多方式。只要想法可行，就能实现。

先以摘要的形式作为引导，然后通过点击链接到达更多、更深入的内容中，向用户提供真正的浸入式感受。或者，可以设计交互式元素，为点击带来量化的回报，还可以融入视频内容，嵌入社交媒体，做小测试等。

简而言之，发布者在编辑内容方面可以做到的一切，都可以通过原生广告技术做到。

视频广告

营销者们知道，在数字世界中，视频对于品牌塑造越来越重要。视频是一种强大的市场营销工具。就参与度、分享量、点赞量、互动量而言，视频是品牌在数字世界中最成功的内容形式之一。一直以来，视频形式的内容不断增多。信息流视频是深受广告商青睐并使用最广泛的视频形式。

与其他形式的内容一样，原生广告对于视频内容的传播效果很好。随着广告商逐渐增加视频广告的产出，有大量视频内容需要分发，这对于原生广告来说非常有利。就像移动浏览、内容营销一样，视频广告也会持久发展，这也证明了原生广告市场的扩大。

展示广告及程序化

预计在未来，传统数字展示广告市场将缩小，从相对较高的起点下降。越来越多的数字广告预算，即广告商曾经用于展示广告的预算，将转投原生广告。为什么呢？很简单，原生广告的效果远远超过了展示广告。用户看到原生广告，参与其中，点击、响应广告内容。所以相比较而言，展示广告无法和原生广告竞争。

截至 2015 年，原生广告的购买模式还很不一样。展示广告的交易是通过编程的方式完成的（详情参见第十五章），而直到 2015 年，通过编程的方式交易原生广告的数量还非常有限。随着科技进步，市场需求增加，平台升级，这一点已经有所改善。现在，购买、发起程序化的原生广告项目变得非常简单。在程序化的原生广告章节有更多关于这方面的信息。这一改变是推动原生广告购买习惯发展的关键因素，这意味着在未来，原生广告媒介将不断增长。

广告拦截

广告拦截软件，顾名思义，是一种拦截广告的软件，可以在电脑或者移动设备上运行。这是全世界的内容发布平台和广告商共同面对的一个日益严重的问题。据估计，英国有大约 920 万成年人在使用互联网的时候开启广告拦截。2016 年 7 月，互联网广告局（Internet Advertising Bureau，IAB）的研究数据显示，26% 的台式电脑用户和 15% 的移动网络用户使用广告拦截软件。[10] 全球知名市场研究机构 eMarketer 的报告称，2016 年，美国估计有 6 980 万人使用广告拦截软件，相较于 2015 年，人数增长

34.4%。到 2017 年，这个数字将增长 24%，达到 8 660 万人。[11]

这些数据非常惊人。这意味着用户浏览网站时不会再受到任何广告信息的打扰。用户免费浏览网站信息，而网站的运营商再也没有办法从中获利。这对于因出版收入日益减少而苦苦挣扎的出版商而言，无异于雪上加霜。与此同时，广告商无法在数字世界接触大量目标用户。

对于数字广告产业来说，广告拦截无异于一场灾难。关于这个话题的讨论一直存在。广告商正在不断尝试新的方法。

在一些市场中，广告商对启用广告拦截的用户采取咄咄逼人的态度。这一方式在德国这样的国家可能有效。德国有大量出版集团，但国际化内容竞争不足，因此用户在消费相关内容时选择较少。据推测，大约 25% 的德国人使用广告拦截软件。

德国出版商 Bild 对于广告拦截态度坚决，它禁止使用广告拦截软件的用户访问其网站。还有很多出版商，例如古纳亚尔出版公司禁止用户在访问其网站时使用广告拦截软件。

这个方法可能会起到一些作用。2016 年 11 月，德国联邦数字商业协会的数字媒体交易部认为，使用广告拦截技术的用户数量可能已经到峰值。[12] 但只有时间能给我们答案。

在全球其他市场中，内容发布平台和广告商也发起了相似的抵制活动，例如尝试设置网站付费门槛，采用订阅服务以及其他不同模式。活动效果因推广商差异、国家差异各不相同，并没有唯一且通用的有效方法。

广告拦截、可接受广告以及广告拦截软件的经营方

由创意数字咨询公司 Karmarama 的

内容管理合伙人杰米·托沃德撰稿

广告拦截，多么复杂而有趣的问题！从用户角度来说，广告拦截真的是一个巨大的福利。页面加载速度变快，数据分配的移动资费更少，当然还有那些令人讨厌的广告再也不会出现在信息流中。

让我们倒回去一点，弄清楚我们是如何让数亿用户（没错，是"亿"）使用广告拦截软件的。

用户使用广告拦截软件的原因复杂而多样。然而，大量研究显示，用户使用广告拦截软件的五个主要原因是：

- 安全——防止恶意软件；
- 干扰——内容消费（阅读或观看时）受到广告干扰；
- 速度——网页加载速度缓慢（一些研究表明，广告会增加移动数据资费）；
- 太多广告——单纯因为网页上广告太多；
- 隐私——第三方追踪。

这些都是用户安装广告拦截软件的原因。然而，将这些原因与 2016 年互联网广告局的一些研究结合在一起，出现了非常有趣的结果。超过半数安装广告拦截软件的人没有意识到安装广告拦截软件限制了内容发布平台的收入，对平台的工作保障造成连锁反应。

因此，用户并不了解使用广告拦截软件的后果，他们只是做着一直以来都在做的事情，想方设法安静地享受媒介消费。我们必须要清楚，自从媒体开始采用依靠广告收入支撑的商业模式，人们就有避开广告的行为。人们可以翻过杂志中的广告页，只阅读报纸内容，也可以在使用个人录像机时快速跳过电视广告，或者可以在播完广告之后再去电影院，当然，也可以像典型的英国人那样在广告时段泡杯咖啡。那么，现在的广告拦截就并不稀奇了吗？

是的，现在也是同样的情况。所有这些避免广告的方法都使用户受益。用户可以采取行动，自己选择避开广告。但是在数字世界，用户在广告拦截软件制造商的协助下避开了广告。这就是事情开始变得复杂的地方。

广告拦截软件制造商需要从中获利，这并没有问题。企业应当依靠劳动和投资赚钱。

真正复杂的部分是制造商获利的方式。大部分广告拦截软件的商业模式是依靠用户在下载软件时付少量费用。但是一些制造商，例如世界上最大的广告拦截软件制造商德国 Eyeo 公司（广告拦截软件 AdBlock Plus 的制造商），不仅从用户那里获利，也从广告商那里获利。

大的广告商通过付费使自己的广告进入白名单（广

告不被 AdBlock Plus 拦截，用户可以看到广告）。表面上，这种模式支持"可接受广告"的发展。对于 Eyeo 公司来说，"可接受广告"就是体量轻（广告消耗的数据流量较少）、追踪较少、非侵入式的广告。无论来自哪一家推广商、广告商，只要广告不干扰用户体验，就能不被 AdBlock Plus 拦截。

但是这种获利方式也引起一些问题。

1. 什么时候 Eyeo 公司成为用户代表？ Eyeo 公司能代表用户吗？

2. 任何商业公司可以直接宣称自己代表"所有用户的想法"吗？

3. Eyeo 公司有权制定数字广告的"可接受"标准吗？

4. 来自"大出版商"的所有资金都用于"可接受广告"了吗？ 这些资金是否用于 Eyeo 公司的其他方面？

5. 什么是"大出版商"，如何定义"大出版商"？

最终，我们不得不承认，Eyeo 公司不是非营利性机构。只要 Eyeo 公司收钱，允许广告通过 AdBlock Plus，那么其抵制劣质广告、为公众提供福利的精神就大打折扣。

Eyeo 公司付费白名单的商业模式会为其他商家带来困难，除非它们也通过付费的方式与 Eyeo 合作。这听起来非常像收取保护费的行为。

2016 年第三季度，AdBlock Plus 宣布发起"可接受广告交换"项目，用户对于 AdBlock Plus 的争议愈加强烈。Eyeo 公司希望借此建立一个广告交易平台，服务于不影响用户媒介使用体验的广告。

这是一个超乎寻常的举措。AdBlock Plus 希望将这种有问题的商业模式发展成一种程序化的交易行为，帮助用户解决一些问题。或许这是媒介产业最大的"监守自盗"行为。

各方都对此表示鄙视。AppNexus（广告科技公司）和谷歌（大量程序化交易都来自这两家公司）拒绝这个提议。到目前为止（2017 年 3 月），"可接受广告交换"这一提议并没有再次出现，这个行业希望 AdBlock Plus 的提议永远终止。

Eyeo 公司的业务核心或许是明智的。毕竟，帮助用户做一些多年来他们在其他媒体上做过的事情是合理的，特别是帮助用户解决了安全、隐私、网速的问题。但是，如果 Eyeo 公司希望从广告"体系"中获利，那么就不应该专注于投资区分"可接受广告"，而是应该把资金用于与用户沟通，让用户知道"免费"的内容并非真的"免费"。

运营网站需要资金，而且很多人的工作也依赖于广告赞助模式。如果它们希望有更好的广告，希望用户获得更好的数字体验，那么就有责任让用户了解使用 AdBlock Plus 意味着什么。只有这样，Eyeo 公司才无愧于其所宣称的社会责任感。

不能说着希望"使每个人享受更好的互联网环境"（Eyeo 公司的话），但不告诉用户互联网究竟是怎样运作的，这样用户无法清楚地"决定互联网如何运行"（Eyeo 公司的话）。目前，似乎 Eyeo 公司正在决定着互联网如何运行，并且正以一种存在问题的商业模式冒险获利。

这些和原生广告有什么关系呢？

用户希望看到更好的广告。数百万人使用广告拦截软件并不是因为心理上厌恶广告，而是因为网络上的广告过度打扰用户，让他们感到恼火。页面刚开始加载，视频广告就立即跳出，开始以高分贝音量播放；太多跳出的广告页面让人来不及一一关闭；网站广告过多，以致网页加载速度太慢；等等。这些都影响着用户体验。数字产业对此负有重要责任。在利用数字出版获取盈利的竞争中，用户体验被抛到了九霄云外。使用广告拦截软件就是用户的回击。

作为一个产业，广告商和推广商必须要警醒过来。原生广告也是应对广告拦截的一种方式。很多推广商把原生广告视为应对广告拦截的解决方案。品牌内容出版商某些形式的原生广告，在通过网站内容管理系统时不易被广告拦截软件拦截，但这也并不绝对。例如，通过 JavaScript（编程语言）代码融入一期刊物的原生广告形式更容易被广告拦截软件拦截。

原生广告减少广告拦截的需求

原生广告并不是一种针对广告拦截技术性细节的技术解决方案。但是这种形式可以从一开始就降低用户安装广告拦截软件的意愿。为什么呢？因为原生广告干扰性较少。它们不会占据网站页面，而是与网站页面内容及风格相似。用户可以选择是否参与互动。广告商面临的挑战是减少用户使用广告拦截软件的意愿。那么，我们具体应该怎么做呢？

不再那么烦人。相较于其他数字广告形式，原生广告不那么让人感到厌烦。广告拦截是数字广告界的警钟。这是挑战，同时也是机遇。这是利用更好的广告形式、广告科技及已有工具，使数字广告更进一步、变得更好的机会。

在数字世界，原生广告是用户可以接受的一种广告商行为。要在广告商和用户之间维持平衡，保证价值交换。

千禧一代和价值交换

在广告圈内，价值交换是人们常常讨论的问题。在数字营销中，千禧一代也每天都被提到。这两点都解释了原生广告为何以及如何越来越受欢迎。

但是在开始之前，我们先明确一下定义。

价值交换的定义

以最简单的形式解释，价值交换是指，品牌和用户从广告信息交换或互动中得到一些东西。双方都能获得一些价值。对于广告商来说，价值是向用户推广其产品，但是让用户从眼前的广告信息中看到价值也非常重要。为了吸引用户，广告商必须提供有趣的、能取悦用户的东西。想想那些让你放声大笑的电视广告：价值交换就是广告以提供娱乐的方式换来向你推销的机会。明白了吗？我们继续。

千禧一代的定义

理论上讲，千禧一代是指出生于 20 世纪末以及在 21 世纪初成年的人。但是实际上，不同的市场调查报告、报纸文章对此的定义都略有不同，有些指 1980—2000 年出生的人，有些认为是 1984—2000 年出生的人，还有一些认为是 1982—2002 年出生的人。也许你会有些困惑，但是希望你能了解大概情况。

数字广告的价值交换

在传统媒体形式下，例如电视、印刷品、广播、电影，市场信息在观众非自愿的情况下被传递，其中极少包括价值交换。

在这些媒介场景中，广告商可以让用户看任何内容。这是一种单向信息传递。

而千禧一代用户并不愿这样。他们希望获得价值交换。他们的时间很宝贵。他们付出时间与品牌互动，就期望得到回报。他们希望品牌为他们提供娱乐，或者提供他们认为有趣的信息。这并不意味着千禧一代讨厌广告。

如果存在价值交换，千禧一代很乐意参与。2015 年，ADYOULIKE 对 1 000 名 18~33 岁的英国成年人进行调查，结果显示，超过半数（57%）的千禧一代愿意点击对他们有吸引力的网络内容，即使这些内容很明显是广告。[13]

千禧一代不希望品牌采取强制推销的方式，或者更糟的是，以干扰、令人厌烦的方式推广充斥着无关内容的无聊广告。这样的方式或许曾经很酷，但是现在已经落伍了。这是数字品牌自杀。

所有人都在改变对待广告的行为。但是，无论是否属于千禧一代，值得注意的是，我们都改变了使用科技、消费媒体、参与广告的方式。年青一代全部这样，都"很早接受"了新的观点。

相较于 10 年前或者 15 年前，婴儿潮一代在媒体消费中更加变化无常。例如，就像我们很多人一样，他们比上一代人有了更多的选择和需求，时间更显珍贵。

尼尔森公司的一项调查显示，2015 年 3 月，婴儿潮一代中，有 25% 的人在移动设备上观看视频，还有超过半数的人表示他们使用电子设备听音乐、拍照、分享照片。[14]

所有年龄段的人（除了年纪非常大的人）都像千禧一代一样使用社交媒体，在 YouTube（视频网站）上观看视频，跳过广告，这谁能想到呢？

千禧一代和人口统计群体的问题

千禧一代是市场营销中的大新闻。作为一个人口统计群体，千禧一代人数众多，有独特的广告消费能力。ComScore（互联网统计公司）2012 年发布的调查显示，千禧一代每年的购买力是 1 700 亿美元。在美国，千禧一代大约有 7 900 万人，远远超过仅有 4 800 万人的 X 一代（1965—1980 年出生的人）。千禧一代是继婴儿潮一代（1946—1964 年出生的人）之后人口最多的一代人。[15]

但是以 20 年为区间把整整几代人归纳分组很具有挑战性。在如此迥然不同的人群分类中，很明显千禧一代并不是一群拥有相似品位、观点和行为的人。如果按照这个宽泛的定义，1980 年之后出生的人都算是千禧一代，那么我在 1980 年出生，也算是千禧一代。但是我 20 多岁还是学生的侄子也是千禧一代。我们恰好处于千禧一代年龄的两端。但我们的生活完全不同。

我是一个每天上班，经营公司，有贷款、有妻儿的
人。我每天早睡早起，定期购买送货上门的食品杂货，周
末去公园郊游。而我的侄子可以一整天喝酒，学习考试，
交女朋友，参加通宵派对，尤其让我嫉妒的是还可以睡
懒觉。

2016 年 3 月，社交媒体监测公司 Brandwatch 的集客
营销副总裁乔尔·温德尔斯在社交媒体周（Social Media
Week）网站上总结了很多营销者对于千禧一代的问题，[16]
他写道：

千禧一代实际上到底意味着什么呢？我们所说的是一
个有着 20 岁年龄跨度，包含 7 500 万美国人的群体。在
2016 年，千禧一代可能是一个 16 岁、和父母一起生活的
女学生，也可能是一个 35 岁左右、养家糊口的男人。

2016 年 4 月，RPA（广告和营销机构）高级副总裁、
集团策略规划总监戴维·米瑟尔在 Digiday（数字时代）
网站中解释千禧一代的分类时说："（这样的分类）就像
说海里的生物都是'鱼'一样，为了推销我们的东西，我
们以刻板印象看待一群人，这有种居高临下的感觉。"[17]
这样把不同年龄放到一起并粗略地归类是存在问题
的。但千禧一代确实有一些相同的特质，比如他们更容易

适应新科技，他们的电子习惯相似。所以，无论你是否喜欢这个词，我还是会把这群人称为"千禧一代"。很抱歉。

不再有受制而无法离开的观众

数字世界永远改变了"受制而无法离开的"观众。即使是在看电视的时候，我们也总是会看"第二个屏幕"——智能手机、平板电脑。如今，在这个超联通、永远在线的世界中，内容不断流通，在指尖划屏或鼠标轻触之间，用户很容易失去注意力，因此营销者需要努力"赚取"向每个人做广告的机会。

不仅仅是千禧一代，无论哪一代人都期望从广告中收获更多。不仅仅是对于像千禧一代这样难以定义的流行词，作为数字营销者，对于不同的客户人群，对于每一次营销活动，我们都应该仔细思考。

案例研究

原生分布：微软

微软希望借助学生返校时期，在美国学生中推广数字笔记软件 OneNote。同时，微软也面临着来自苹果的竞争。一个人在学生时期的购买决定通常会成为他一生的购买习惯。瞄准千禧一代的学生来推广 OneNote 的使用是关键。

　　微软和原生广告平台 Sharethrough 合作。OneNote 选择使用 Sharethrough 的内容营销广告，推广 6 条汤博乐博客内容，其中包括小罗伯特·唐尼的一条长视频和 Vine（短视频软件）上面的红人扎克·金的一条短视频。这些广告将现有的品牌内容自然融入发布页面中。

结果

- ·1 500 万可见展示；
- ·与之前的宣传推广活动相比，参与率提升 52%；
- ·创意优化 58%。

为什么有效？

　　根据汤博乐网站的环境创建相关性强、质量高的内容，向千禧一代的相关用户推广 OneNote。汤博乐发布的内容卡片带有分享按键、参与按键以及汤博乐关注按键，这样当内容被分享出去的时候，可以获得"免费媒体宣传"。内容卡片让用户保持关注，提升了 52% 的宣传效果，创意优化标题、缩略图提升了 58% 宣传效果。这些使这场宣传推广获得成功。[18]

原生广告：被网络口碑讨论

在本章中，我们探讨了当今数字广告的一些基本趋势，以及用户行为如何推动广告以不同的形式和内容传递数字信息。品牌内容的趣味性、令人激动的广告形式以及新科技与创意的结合，意味着原生广告在今后将呈指数增长。在接下来的几章中，我们将进行深入探讨，展示原生广告如此强大的原因。

对原生广告协会会长杰斯珀·劳尔森的采访

如何用一句话描述原生广告？关于什么是原生广告你是否存在困惑？

原生广告是一种付费媒介形式，广告内容与所在媒介的形式、风格、功能、内容质量相匹配。

确实，有很多困惑。但是原生广告就像一把伞，下面可以放置长期的推广内容、付费社交内容、程序化的内容、某些付费邮件营销以及影响力广告等。这些只是其中比较重要的一些内容。有些人错以为这些不是原生广告。

你认为原生广告为何能如此成功呢？

首先，用户已经受够了那种中低端的、以品牌为中心的广告。他们厌倦了聆听品牌不断推销自己和产品，却不能抓住用户的痛点、问题、梦想、需求。

其次，我们知道广告拦截也是原生广告迅速发展的原因之一。用户在向我们传递一个清楚的信息：他们受够了。用户获得主动权，他们可以决定谁、何时能向他们传递什么内容。如果你想获得用户的注意力，必须说一些让他们感兴趣的事情。他们不允许自己在媒体平台上被打扰。他们希望获得信息、受到启发、获得娱乐，这是品牌应该做的事情。

再次，原生广告是脸书这样的社交媒体商业模式的核心。这样的社交媒体能够精准而有效地触及人群，因此，如果你想与用户对话，就必须付费获取向用户推送的机会。

最后，付费分发已经不可避免地成为内容营销的一部分。传统的内容信条"只要有内容，就会有用户"已经行不通了，因为搜索引擎的内容已经饱和，在社交媒体上缺乏自然触及人群的机会。如果希望把内容送达用户，增加流量，那么就必须付费。

关于原生广告，你经常被问到的问题是什么？

如何使原生广告实际产生切实的商业结果？

你认为对于原生广告的接受程度及看法在每个国家都一样吗？在哪个国家人们对原生广告理解得更好？

按照习惯来说，美国和英国的原生广告业发展得更好一些。但是实际情况取决于个体参与者而并非市场。一方面，在主办原生广告比赛时，我们看到了非常了不起的作品，比如像来自克罗地亚这样的国家的作品。所以主要还是依靠有才华的从业者。另一方面，我们也看到一些糟糕的作品，来自成熟市场的大公司。所以很难说具体哪个国家表现较好。

原生广告和内容营销有什么不同？两者可以结合吗？

我们相信，未来，原生广告会成为内容营销的一部分，所以两者之间确实有一些混淆。但是有一条经验法则可以区分两者。内容营销本质上拥有自媒体，大部分可以自己或者通过付费渠道分发内容。原生广告需要借助其他平台。品牌经营一个博客账号，这就是内容营销。但是如果品牌把其中一些内容放到领英做付费推广，就是利用原生广告分发内容营销产出的自媒体内容。内容工作室（推广公司的内部机构）不一定这样认为。内容工作室的营销人员或者媒体人在做内容营销（生产自媒体内容），并在他们所在的机构发布这些内容。然而，对于为内容付费、控制部分内容编辑的品牌来说，这就是原生广告。这就是让很多人感到疑惑的地方。

你如何看待原生广告的未来?

在接下来几年中,每一位参与者都将见证一条非常陡峭的增长曲线。原生广告已经产生近10年,但是真正的变革在此刻。随着资金和资源的涌入,奇迹即将诞生。这意味着有更好的内容、更棒的策略、更紧密的合作以及更好的结果。

剩下的内容发布平台也将最终找到编辑内容与原生广告和谐共存的方式。内容发布平台将在现有代理机构的瓦解过程中扮演重要角色,因为内容发布平台比传统代理商更适合实行原生广告。

原生广告协会致力于帮助营销者成功运用原生广告。原生广告协会拥有大量资源信息,在原生广告领域处于思想领导地位。

第四章　原生广告简史

推广内容几乎和推广行业一样古老。在本章中，我将简要介绍广告和推广之间关系的发展历史，目的是向读者展示原生广告正是诞生于这样的关系发展之中。原生广告或许是一个新词，但是原生广告的概念已经存在很久了。

我希望你们知道，尽管脸书、推特、领英上的原生广告和BuzzFeed（新闻聚合网站）、石英财经网、英国《卫报》等网站上的分享看起来是全新的内容，但是其本质可以追溯到平面媒体时代。

出版业的阴阳两面

说到广告，在出版业中存在一定的势利态度。广告商和编辑之间的分歧，是任何出版业都会存在的阴阳两面，很容易发展成一种对与广告相关事物的傲慢态度。这种态度也延伸到了原生广告。

很多批评源自广告"适得其所"的时候，都和故事有关。当然，这种观点完全是谬误。大部分媒体机构的首要目标是赚钱。一直以来都是这样。只有当媒体机构大把赚钱的时候，广告才算是"适得其所"。

20 世纪中期，报业非常赚钱。报纸上会发布很多广告，但是由于广告商和编辑之间紧张的关系——广告商要求在报纸上必须有广告，于是就有了相关准则或者说"规定"，明确报纸上哪里应该分布什么广告。随着时间的推移，在很多人眼中，这些规定逐渐成为出版业共同遵守的法则。但是这些法则并非神圣不可侵犯，仅仅维持了一段短暂的时期。1980 年的规定和1880 年的规定已经不同了。

例如，在 19 世纪，包括《泰晤士报》在内的大部分报纸，封面上只有广告。实际上，很多报纸到第三、第四页才会出现新闻。

安德鲁·马尔写道：

随着维多利亚繁荣时期的发展，广告的数量过多，使报纸的其他部分越来越难被有趣的新闻填满。[1]

详细、枯燥的议会辩论报告，冗长的专栏文章，来自"世界各地"的、说教式的、啰唆的通信稿，这些都是维多利亚时代后期报纸的典型内容。日益增长的广告需求造成了这样的情况。就像如今脸书上杂乱无章的更新内容和推特上的夸夸其谈，这些是维多利亚时代的版本，是编辑们增加广告内容的方式。广告优先，内容其次。正是广告推进着编辑日程，催生了像专栏作家这样新的新闻工作形式。

维多利亚时代和 20 世纪初期的大部分报纸上都有推广内容。在很多报纸上还可以见到我们今天熟悉的商标。以 1911 年 12 月 5 日周五早上的《亚利桑那共和报》为例，我摘录了报纸的完整内容。

亚利桑那州天气广告
非付费评论文章，而是真实的故事
男孩们在运河岸边发现成熟的西瓜，游泳去摘瓜

这个故事充满了热情的支持者，富有地方特色，富有寓意，是作者近期听到的最好的故事。

菲尼克斯市的一家人非常喜欢上好的马肉，一次，他们和一些东方来的朋友正在赶路。这条路沿着亚利桑那运河，离运河交叉口大概 0.5 英里①。他们注意到潺潺流水旁有一个男孩、一匹马和一辆双轮单座马车。几乎同时，他

---

① 1 英里 ≈1.6 千米。——编者注

们看到在男孩和马车后面有一只野兔。我们暂且为这只野兔起一个悦耳动听的名字——丘比特。在运河北岸，也就是男孩的对面，有三个被遗弃的西瓜。这可能是从前来这里郊游的人带来的种子，在洪水时期生根发芽，在这个地方获得营养，从而成熟。

正值深秋的尾声，感恩节火鸡的味道弥漫在空气中，来自东方的朋友从雪橇上跳下来。这些不同寻常的瓜成熟了，丘比特从旁边经过。男孩穿着得体，站在双轮单座马车旁边。其中一个墨西哥人管西瓜叫作"sandias"，这三个西瓜非常诱人。水很暖，男孩非常饿。结果就不用说了。本地人按照习惯会离开继续赶路，除了对男孩笑笑之外不会多想。而来自寒冷州的朋友却认为男孩吃掉西瓜，在 11 月 19 日游泳是值得纪念的事情。[2]

这段商业内容发布于 100 多年前。然而，这段文字和如今的很多原生内容还是有一些惊人的相似之处。例如，这篇文章出现在信息流中，周围有一些其他短小的故事，并不是像后来很多出版物那样，与外围的新闻板块分开。

发布信息的方式也很有趣：亚利桑那州天气广告。这个标题完全展示出这是一条广告。

但是第二部分——非付费评论文章，而是真实的故事——很有效。如果认真浏览旧报纸，可以看到很多付费内容。在对付费内容非常熟悉的读者眼中，自己读到的内容不是真的，第二个副标题是一种使故事合理化的方式。

翻看旧报纸，你也会发现这些内容基本都出现在"早间版"，因此几乎每天都至少会多发布一期。

在看这个故事的时候，一些相关的关键点也值得注意。这个标题，尽管按照现代标准来看非常平淡，但是包含了好的原生内容标题应有的关键因素。这个标题并没有给人想宣传东西的印象，而是传递了内容。这个标题很好，比如今很多糟糕的原生内容标题好很多。

这个故事也值得注意。无论故事内容是否属实，100年前，聪明的营销人员就已经懂得利用故事唤起读者的共鸣。在研究过程中，我始终没能了解谁发布了这样一则广告以及具体动机。在广告发布的时候，亚利桑那州刚刚选举出一位新州长，离成为美国第四十八个州还剩两个月。因此，其中可能有政治原因。无论原因是什么，一定是有人希望通过付费广告强调亚利桑那州不同寻常的天气以及作为农业土地的潜力（西瓜种子自己就长成了西瓜），并且通过和美国东部"寒冷州"忍受严寒条件的对比突出亚利桑那州的优势。通过短短几句话，作者达到了这些目的。

有趣的是，在这则广告发布的103年之后，亚利桑那州旅游局依旧热衷于吸引"美国东部"的游客。2014年，亚利桑那州旅游局花了200万美元在芝加哥进行了一场为期两个月的广告宣传活动，告诉那里的人们可以"到亚利桑那州享受温暖"。[3]

社论式广告

随着社会的发展，出版业在 20 世纪迎来鼎盛时期。像"社论式广告"这样的词汇被用来区分商业内容和编辑内容。社论式广告非常普遍。从明目张胆的推销，到更微妙的推销，不一而足。但是，在那时候，没办法点击按钮、动动手指来查找某个话题，因此社论式广告在教育消费者方面扮演了重要角色。毫无疑问，所有社论式广告中都包含品牌信息，但是也包含一些有趣的信息。没有报刊愿意刊登不带有任何对读者有用信息的社论式广告。价值交换是最重要的原则。

20 世纪，社论式广告一直是出版业广告的一个特色。当然，随着时代发展，出版物特别是杂志中，出现越来越多的图片，彩色印刷逐渐流行，广告变得更加生动。

在 20 世纪的出版物上，社论式广告、推广内容以及各种商业内容，有无数例子。有些广告质量很好，有些则质量不佳，还有很多广告质量一般。就像现在，在不同的媒介上也有很多不同形式、不同风格的广告。

你知道吗？以现代卡通风格著称的《纽约客》在 20 世纪 50 年代曾经以相似的卡通内容作为广告。卡通上面会标注着"广告"，但仅此而已。没有其他额外的说明信息或者广告标志告诉读者这是广告。60年前，《纽约客》的广告和像《独立报》《新闻周刊》《纽约时报》这样的现代报刊上的原生广告差别并不大。也许你不这样认为，但是对于很多抱着乐观态度追溯数字时代之前的出版业的人来说，很明显还是有区别的。

《坚尼氏黑啤生蚝搭配指南》

最早关于原生广告的例子是大卫·奥格威著名的《坚尼氏黑啤生蚝搭配指南》。奥格威在他的畅销书《一个广告人的自白》[4]中讲述了他是如何在乘火车从纽约到康涅狄格州的归家途中想到这篇创意文章的。这个想法对于如今的内容营销者和从事原生广告工作的人来说很简单，但是在1950年，这是一个具有革命性的想法。奥格威和他的文案编辑并没有极力推销坚尼氏黑啤是一个多么好的产品，而是详细总结了9种生蚝的不同，每种生蚝都有配图，图片下面有文字描述。当然，内容也会涉及坚尼氏黑啤。在这份指南的右下角也有一张坚尼氏黑啤的图片。指南中写道："吃生蚝最好配上坚尼氏黑啤。坚尼氏黑啤一直以来都被誉为海鲜的完美搭档。"

下面是一篇很有趣的生蚝介绍。

绿港：这里的生蚝自带一种咸味。过去绿港出海捕鲸的人非常喜欢这种生蚝。生蚝富含铁、铜、碘、钙、镁、磷、维生素 A、维生素 B_1、维生素 B_2、烟酸。古罗马皇帝提比略几乎以食生蚝为生。[5]

你能想象吗？在没有维基百科的时代，一个纽约市的通勤者在杂志上读到这篇文章，特意保留这一页，回家后在饭桌上和家人分享这段关于生蚝的信息。我打赌，很多男人（因为在 20 世纪 50 年代通勤者很可能只有男性）读到这篇文章后会这样做。

《坚尼氏黑啤生蚝搭配指南》本质上是一则在"原生广告"一词还没有诞生之前的原生广告。在"内容营销"诞生之前，很多人认为这篇文章是内容营销。你也可以不同意这个说法。但是既然奥格威通过付费媒介传播这篇文章，同时这篇文章的最终作用是一则广告而非目录内容或公司指南，那么这就是一则原生广告。

原生广告并非新概念

原生广告的概念并不新鲜。说起生产内容、讲故事，这是广告商们做了一个多世纪的事情。这就是为什么我在本书介绍中说原生广告并非一场改革。原生广告并不是数字广告人和硅谷技术专家们为我们带来的全新事物，它只是一种广告形式和商业生产流程的改进。这样的广告形式和商业生产流程在互联网时代来临之前就已经存在。

"原生广告"一词从何而来

一般认为，"原生广告"一词来自风险投资者弗雷德·威尔逊。威尔逊是联合广场投资公司的联合创始人。联合广场投资公司是一家总部位于纽约的风险投资公司，投资了包括推特、汤博乐、Foursquare（手机服务网站）、Zynga（社交游戏公司）、Kickstarter（众筹网站）在内的大量互联网公司。

2011年威尔逊在OMMA（Online Media Marketing and Advertising，网络媒体营销与广告）全球会议上提到"原生广告"这个词。他把一种新形式的广告描述为"原生货币化系统"。在讲话中，威尔逊解释了为何原生广告要根据特定平台设计。这是因为当广告成为网站内容的一部分时效果更好。他特别强调了谷歌的付费调查结果，脸书上的"点赞"和推特上的推广内容都是很好的"原生货币化系统"范例。

原生货币化系统的发展

新闻聚合网站BuzzFeed通常被视为原生广告的榜样，这是因为BuzzFeed的全部收入都来自原生广告。但是，BuzzFeed在2010年才签下第一份内容推广订单。那个时候，BuzzFeed还没有把其经营内容称为"原生广告"。2011年开始，原生广告才逐渐变成一个统称词汇，包含我们如今所了解的内容。

推广内容冲击信息流

2011 年 12 月，脸书宣布，2012 年起，用户将在其网站新闻推送中看到"推广内容"。乔希·康斯丁在科技博客中关于信息流广告对广告行业整体影响的评价非常精准：

如果脸书可以经受得住用户对于新闻推送中广告的抗议，那么它将拥有一种全新且重要的收入来源……推广内容，即新闻推送广告能够帮助脸书节省用于调研，以及用于谷歌关键词广告和谷歌广告联盟等传统平台的费用。[6]

尽管脸书并没有称这种新产品为"原生"，但是"原生"一词是数字化营销中非常普遍的词汇，其含义就是指这种逐渐增多的"原生"形式。

2012 年：原生广告舆论宣传

为了描述这种新形式的广告，行业评论者、研究人员以及行业协会采用了"原生"这个词。2012 年，美国咨询机构 BIA/Kelsey 在发布一项关于 2016 年"社交原生广告"投入增长的预测[7]时，第一次把这种形式的广告称为原生广告。社交营销平台 Sharethrough 的首席执行官丹·格林伯格也为这个词汇的推广做出了贡献。2012 年 5 月，格林伯格在科技博客发表了一篇名为"原生货币化改变硅谷的五种方式"的文章。[8]

英国的原生广告

为了解释原生广告市场在英国是如何迅速发展的，我想重点讲一讲发生在 2013 年的一件事情。在 2013 年初，我写了第一篇关于"原生广告"的文章——《原生内容增长意味着品牌拥有更多机会》，并在英国《营销周刊》发表。[9] 在之后至少一年的时间中，无论何时在英国版谷歌网站搜索"原生广告"，我的文章都列在最前面的四五条搜索结果内，这让我感到很惊讶。在英国没有人使用"原生广告"这个词，没有人谈论"原生广告"。当然，这样的情况从 2013 年底开始迅速改变。

2013 年之后

从 2013 年开始，原生广告成为业内众所周知的词汇。无数文章、博客、意见领袖开始使用这个词汇（主要在美国），得益于这些数字行业的流行词汇生产机器，原生广告这个术语固定下来了。2013 年，随着互联网广告局发布《原生广告手册》，以及美国联邦贸易委员会举办"原生广告研讨会"，"原生"一词获得了更广泛的业内认可。

第五章 全球原生广告市场

2012 年以来，原生广告已经成为大部分广告市场中数字广告经济的重要组成部分。随着越来越多的广告投资转向原生广告，原生广告正在以现象级的速度增长。研究显示，原生广告占数字广告预算的 10%~20%。预计接下来几年中这一数字会持续增长。

为什么？原生广告增长的背后包含很多原因，在本书中我们将详细讨论。对于如今的广告商来说，原生广告作品唾手可得。科技带来越来越精良，也越来越程序化的原生广告项目。但是即使不讨论巨大的产品利益，也有很多其他原因带来了如今的现象级增长。为什么原生广告会不断增长、赶超，并最终占据大部分数字广告空间？

数字趋势预示着原生广告增长

原生广告的独特优势在于，它处于很多数字发展趋势的重要关头,因此人们对原生广告形式可以迅速接纳。在本书其他章节,我们将详细讨论这个问题以及原生广告为何如此重要。但是为了简化原因,强调原生广告发展的动力,我们可以看到以下两大主要趋势。

第一,移动浏览服务被迅速接受。我们生活在一个移动先行的内容发布世界。如今,移动设备最先消费大部分内容,而台式机则居于其次。原生广告是唯一能在移动端表现效果良好的广告形式。在不久的将来,移动浏览服务会减少吗?我打赌一定不会,你觉得呢?

第二,内容营销。品牌逐渐意识到它们也可以生产、发布精彩的内容,来吸引目标用户参与其中。如今,品牌很容易生产内容,并且成规模地分发内容。无论有没有原生广告,魔鬼已经从瓶子中出来了。曾经,内容发布平台是品牌接触用户的唯一渠道,这样的日子已经一去不复返了。内容营销留了下来。随着内容分发的需求出现,原生广告自然诞生。

恩德斯分析(Enders Analysis)公司的数字媒体分析师约瑟夫·埃文斯认为:"原生广告是一种罕见的多赢广告形式:为广告商带来更好的推广效果,为发布平台赚钱,同时用户的接受度也比较高。原生广告与移动网络、社交平台、视频内容的高度适配,意味着原生广告的增长也将促使对于数字平台的投资增多。"[1]

2020 年的全球原生广告市场

市场研究公司根据来自商业智能、互联网广告局和 eMarketer 的数据，预计 2020 年全球原生广告投资将达到 855 亿美元，原生广告将占全球数字广告支出的 30%。[2] 从 2016 年到 2020 年，原生广告市场将增长 213%。雅虎和恩德斯分析公司的相关研究显示，到 2020 年，原生广告将增长 156%，成为欧洲数字广告的主要形式，占欧洲数字广告市场份额的 52%。[3]

原生广告的增长也将同时带动移动广告增长。《商业智能数字媒体广告支出报告》预测：到 2020 年，移动网络将成为增速最快的广告渠道，预计年复合增长率将达到 26.5%。[4] 除此之外，报告还指出，像横幅图片广告这样的移动显示广告的支出，将更早一点，会在 2017 年超过电脑显示广告支出。因此，移动广告处于上升期。但最有趣的是，商业智能预测，到 2020 年，原生广告占整体移动广告的比例将从 2015 年的 52% 增长到 63%。这 11% 的增长将在 5 年中实现，同时整体移动广告市场也将增长超过 25%。由此可见，原生广告的增长非常可观。

全球市场整体会呈增长趋势，但是不同市场之间会有差别。接下来，我们就来看看各个市场的情况。

北美洲

2020 年，北美洲将成为全球最大的原生广告市场，总投资将达到 317 亿美元。美国市场将占据优势，市场规模从 2016 年的 139 亿美元增长到 2020 年的 296.5 亿美元。预计到 2020 年，加拿大市场规模将翻一番，从 2016 年的 10.2 亿美元增长到 21.7 亿美元。北美市场原生广告增长将占全球市场的 37%。

亚洲和太平洋地区

在原生广告方面，亚洲和太平洋地区相较于北美洲和欧洲而言或许落后几年，但是发展潜力巨大。在接下来的几年中，亚洲的原生广告市场将有很大的提升空间。预计 2020 年，亚洲原生广告市场将从 2016 年的 119.2 亿美元增长到 203.4 亿美元。

在亚洲和太平洋地区，大部分国家的原生广告市场都将在 4 年内翻倍。中国原生广告市场规模将从 28.1 亿美元增长到 59.8 亿美元。日本是亚洲最大的原生广告市场。预计到 2020 年，日本的原生广告年市场总值将翻一番，从 2016 年的 36.9 亿美元增长至 78.6 亿美元。韩国市场预计将从 2016 年的 7.3 亿美元增长到 2020 年的 15.5 亿美元。印度市场将从 2016 年的 3.7 亿美元增长到 2020 年的 7.9 亿美元。印度尼西亚市场将从 2016 年的 9 亿美元增长到 2020 年的 19.2 亿美元。与此同时，2020 年，澳大利亚市场将从 2016 年的约 10 亿美元增长到 21.5 亿美元。亚洲和太平洋地区的原生广告增长将占全球原生广告市场增长的 30%，这一地区的原生广告发展潜力巨大。

案例研究

社交媒体原生广告：Teman Nabati 和推特

Teman Nabati 是印度尼西亚的一家零食公司，以出售孩子们喜爱的小甜饼和咸饼干而著名。Teman Nabati 希望向 20 ~ 35 岁的印度尼西亚年轻白领推荐自己的产品，树立品牌意识，于是决定在推特上发布原生广告。

Teman Nabati 和 Klix Digital（数字营销机构）一起在推特上发起原生广告活动。此次活动的目标非常清晰，并且活动中它们的推特广告受到的干扰很少。[5]

例如，关注 Teman Nabati 的账号，购买零食就送咖啡，回答每月的互动问题还有奖品！

A/B 版推特内容测试是此次广告推广成功的关键。每周都会测试新版本内容和目标兴趣用户。

结果

· 比预期粉丝增长目标还多 42%。

· 超过 10 万名参与活动的粉丝对产品感兴趣。

> **为什么有效？**
>
> 简单的消息内容和持续的兴趣用户测试是增长品牌推特账号粉丝数量的关键。通过每周持续优化，Teman Nabati 能够发现什么内容有效，并据此改善宣传推广活动，吸引对产品感兴趣的粉丝参与活动。

欧洲

欧洲原生广告市场将迅速增长。欧洲拥有法国、德国、英国等强大的市场基础，预计 2020 年，原生广告市场增长将超过 100 亿美元，从 2016 年的 92 亿美元增长至 200 亿美元。

2020 年，预计英国将成为欧洲最大的原生广告市场，从 2016 年的 27.3 亿美元增长至 58.1 亿美元。德国紧随其后，预计 2020 年，将从 2016 年的 20.8 亿美元增长到 44.3 亿美元。2020 年，法国原生广告市场规模将翻一番，从 2016 年的 9.6 亿美元增长到 20.3 亿美元。欧洲五大广告市场的剩余两个——意大利和西班牙，预计 2020 年原生广告市场将分别达到 14.4 亿美元和 10.5 亿美元。与此同时，预计 2020 年，俄罗斯原生广告市场将从 2016 年的 8.9 亿美元增长至 18.9 亿美元。西欧原生广告市场增长将占全球原生广告市场增长的 23%。

案例研究

社交媒体原生广告：Moeble.de 和脸书

Moeble.de[6] 是德国最好的家具和家庭装饰品网站。这家网站每月服务于上百万德国用户，他们可以从大量线上零售合作商中选择相关产品。

Moeble.de 希望增加零售合作网站的高质量访问量，从而提升转化率。其线上市场营销机构 hurra.com 以分阶段的方式采用了脸书广告产品。首先，第一阶段，采用脸书链接广告和轮播广告大范围地接触用户。其次，重新定位用户，通过网站定制用户功能向曾经访问 Moeble.de 网站或品牌脸书页面的用户推送特定广告。

除此之外，还有一种更高级的网站定制用户功能，针对在过去 30 天多次访问 Moeble.de 网站的用户，这些用户有很强的购买意向。

结果

· 通过使用高级网站定制用户功能增加零售合作网站的高质量访问量，单次转化率成本降低 25%。

· 单次营收成本降低 22%。

· 点击率提升 16%。

· 每次点击成本降低 17%。

为什么有效?

这个例子很好地说明了品牌及其代理机构可以利用原生广告提升用户分享率，拓宽销售渠道。同时，这也是一个阶段营销的绝佳案例：开始"广撒网"接触大量用户，然后利用获得的数据重新定位有一定购买兴趣的目标用户。根据用户行为定制广告，充分利用用户数据，营销机构 hurra.com 收获了很好的结果。单次转化率成本降低25% 是一个非常突出的营销成果。

中美洲及拉丁美洲

同亚洲市场一样，拉丁美洲比北美洲、欧洲市场落后几年，但这并不代表这里没有机会。拉丁美洲原生广告市场潜力巨大。这一地区的主要语言只有西班牙语和葡萄牙语两种，很多出版机构、内容发布平台、服务提供商都在整个大洲范围内运转。这意味着原生广告一旦在这里扎根，就会迅速发展。或许这就是为什么预计 2020 年拉丁美洲原生广告市场将从 2016 年的 17.2 亿美元增长到 36.6 亿美元。巴西、阿根廷、墨西哥这些市场是增长的主要动力。2020 年，预计巴西原生广告市场将从 2016 年的 9.3 亿美元增长到 19.7 亿美元，阿根廷原生市场将从 2.5 亿美元增长到 5.3 亿美元，墨西哥原生广告市场将从 1.8 亿美元增长到 3.9 亿美元。

对 Headway 首席风控官兼联合创始人
阿古斯丁·柯尔的采访

Headway 是一家致力于用科技提升市场营销能力的杰出公司。NativeWay（原生方式）是 Headway 公司的一项革命性科技产品，被应用于策划原生广告形式，将广告的外观和风格与发布网站相匹配。其中包括两种形式：原生内容和移动原生内容。可以访问 www.nativeway.co 了解更多内容。

Headway 的业务遍及世界各地，拥有 18 个办事处：美国（旧金山、迈阿密）、墨西哥（瓜达拉哈拉、墨西哥城）、危地马拉（危地马拉城）、多米尼加（圣多明各）、哥斯达黎加（圣何塞）、巴拿马（巴拿马城）、哥伦比亚（波哥大）、厄瓜多尔（基多）、秘鲁（利马）、巴拉圭（亚松森）、巴西（圣保罗）、智利（圣地亚哥）、乌拉圭（蒙得维的亚）、阿根廷（布宜诺斯艾利斯）、西班牙（巴塞罗那）、以色列（特拉维夫）。

在你们的市场中原生广告占多大比例？

拉丁美洲经历了对互联网和用户的基本了解，正在进入变革的第二阶段。原生广告方面还有"空白"，客户还在寻找与目标用户更好的交流方式。

你为什么喜欢原生广告？

我们喜欢原生广告是因为原生广告不仅是横幅展示，而且能让用户看到推广内容，连接到一种交互式体验或视频，总之就是相关场景下的相关内容。

发布平台能够正确理解什么是原生广告吗？

它们能够理解。我们愿意教它们，帮助它们认识到与我们合作的益处，大胆尝试原生广告。

你认为原生广告会在拉丁美洲市场中发展吗？

我们对于原生广告的效果非常有信心。原生广告不断超越点击率标准，确保广告被真正关心的人看到。原生广告已证明会带来高点击率和访问量，因为用户会被相关性高的广告内容吸引。

关于原生广告，用户最常问的问题是什么？

人们通常会问他们是否要在传统广告和原生广告之间做选择。品牌和发布平台不必在传统广告和原生广告之间做选择，它们可以在使用 NativeWay 的同时保留像横幅广告这样的传统广告形式。

你认为在拉丁美洲市场中原生广告发展存在阻碍吗？如果存在，阻碍是什么？

发布平台已经习惯在网站中留出横幅广告的位置，但是一旦为它们提供机会自动展示内容，最大的挑战是改变网站为广告预留空间的模式。

Headway 和交易平台、广告商合作，帮助客户找到最合适的网站。这是一项创新之举，因为通常的趋势是采用传统形式的广告进行程序化内容推广，原生广告不适合程序化推广。而 Headway 的合作方式使客户可以进行精准定位。我们要帮助发布平台认识到不必改变现有的网页，而只需要做一些技术改变来进行原生广告推广活动，选择希望出现广告的页面。

非洲

非洲的原生广告市场正在逐渐扩大，其中南非、肯尼亚、尼日利亚领先一步。原生广告在非洲市场刚刚萌芽，发展潜力巨大。2020 年，原生广告将成为非洲的主要数字广告形式。为什么呢？非洲是一个移动先行的数字化地区。移动电子商务和移动广告是非洲的重要行业。原生广告是最适合移动设备的广告形式。预计到 2020 年，非洲移动设备用户将达到 7.2 亿人。全球移动通信系统协会关于非洲移动经济的报告显示，从 2014

年到 2016 年，非洲智能手机用户数量几乎翻了一番，达到 2.26 亿。[7] 例如，2016 年，We Are Social（社会化媒体专业传播公司）发布的报告显示，南非 75% 的网页服务于移动设备。[8] 随着智能手机价格逐渐降低，越来越多的非洲人将使用智能手机，用户与原生广告的互动也将越来越多。

第二部分

原生广告如何影响你的生意？

第六章　不同类型的原生广告

对于不同的人来说，原生广告意味着不同的东西。原生广告是一个概括性词语，它涉及现有媒体版图的很多不同层面。原生广告打破、模糊、合并了很多产品组合，创造了一种混合模式，很难归类，不断变换，不易明确。这就像数字行业本身一样，你们觉得呢？这也是为什么原生广告是数字媒介的首选广告形式。

这是一种不可遏制的、大胆的新兴广告形式，打破规则，寻求破坏，挑战现有的商业规则。原生广告的灵活性意味着它可以很好地适应数字营销不断变化的需求，也意味着数字营销领域的术语、分类、子分类就像魔术贴一样适用于原生广告。这确实会造成很多混淆的情况。

品牌差异化和数字化营销

在数字营销领域，每年都会产生新的词语。一些词语几乎在一夜之间出现。通常这个词语来自一两个企业及其营销团队，它解决了营销人员一直以来面对的某个问题或者描述了某种已经进行了很久的活动。但是现在行业中有了新的归类，或者他们认为现在理解了这个问题。

一旦产生了新的词语，用它描述某些数字化活动，接下来这个词就一定会被再分成很多子分类，产生新的分支和子集。

在数字营销领域，这样的事情不断上演，在很多其他领域也是这样。比如现代舞曲也同样具有很多分类模式。如果你对数字营销不太了解，那么在了解原生广告分类之前，可以先类比一下现代舞曲的分类。

现代舞曲可以分为以下两类。

- 流行音乐——舞曲不是"流行"音乐的一部分，没有人可以否认这一点。但舞曲是音乐。
- 舞曲——这是某种流派的音乐，或者某类流行音乐。按照宽泛的定义，所有快节奏电子音乐都属于这一类。

把舞曲从其他流行音乐中分离出来，分成不同类别（或者流派）也讲得通，不是吗？否则，在购买音乐的时候，你会把单向乐队的流行歌曲与约翰·迪格威和戴维·格塔的舞曲弄混。

到目前为止，还算简单。但马上就开始变得有趣了。在舞曲的类别下，宽泛地讲，还有以下这些子类别（并不详尽）：

- 浩室音乐；

- 泰克诺音乐；

- 迷幻电子音乐；

- 回响贝斯；

- 鼓与贝斯；

- 车库音乐。

舞曲有很明确的子分类，随着时间的推移不断发展，几乎成为一种独特的音乐类型，但是这些音乐的根源还是舞曲。

但是到这里还没有结束。以浩室音乐为例，在这一子分类中，还可以进行细分，同样以下分类并不详尽：

- 迷幻浩室音乐；

- 科技浩室音乐；

- 电气浩室音乐；

- 部落浩室音乐；

- 前卫浩室音乐；

- 深浩室音乐；

- 超嗨浩室音乐。

以科技浩室音乐为例，分类的过程是这样的：流行音乐—舞曲—浩室音乐—科技浩室音乐。

为了理解、识别科技浩室音乐，作为一个消费者，你需要：

- 首先，熟悉这种舞曲；

- 其次，了解浩室音乐和鼓与贝斯的区别；

- 最后，了解科技浩室音乐与前卫浩室音乐、深浩室音乐等的区别。

按照这个步骤，你可以很快明白什么是舞曲的子分类，什么是子分类下面的分类。只有最狂热的舞曲爱好者才能清楚地区分科技浩室音乐和深浩室音乐。

这种对于不熟悉的人来说微乎其微的区别在数字营销领域很常见。

为什么？

出现这种现象的主要原因之一是，数字营销领域的术语分类来自专家和熟悉这个领域的人们。在一个不断发展变化的领域，数字化营销一直在变化，营销业务和营销产品一直在不断适应产品和服务。为了记住一切，你需要拥有百科全书般的基础知识来区分每一项产品、每一项业务。行业人员通常需要采用标签来应对这样的区分。

但是数字营销领域的分类也有很多好处。广告预算依靠计划采购者把关。媒体机构（以及最近出现的程序化交易平台）坐拥数百万美元的广告预算，用于新兴或者已有的媒体推广，成败与否都取决于是否"按照计划"。

但是你如何从竞争对手中脱颖而出，是依靠现有业务最大化某个新产品的推广机会，还是削弱已有业务的巨大市场份额？

　　计划采购者需要分割、分配广告预算。广告分类可以帮助他们限制预算的用途。因此，如果你创立了一种新型、必不可少的广告，那么它就很可能出现在计划中。

　　企业，特别是新的广告业务以及营销技术业务企业，都渴望"拥有"一个完全属于自己的类别。为什么呢？成为某个类别中最棒的产品，无论这个类别有多小众（在数字广告生态系中，即使小众的产品，形成全球化的规模也能获得数十亿美元的广告收入），都比成为某个大的类别中的前十名、前二十名更赚钱。同样，有望将现有业务向增长业务类别或子类别发展的公司，通常也会通过战略重塑品牌，"拥有"一个新的类别。在一个拥有众多营销人员的行业中，这样的情况常常发生。

　　这就是品牌专家们提到的"品牌差异化"。品牌专家戴维·艾克表示：

　　品牌差异是指品牌化和人为塑造的品牌特征、品牌元素、品牌技术、服务或者项目，在一段时间内，为品牌塑造出一种有意义的、有影响力的差异。品牌差异化为品牌提供了创新性、可信度，使沟通更加容易，使品牌更加让人印象深刻。一旦获得担保，品牌差异就可以成为品牌组合的重要组成部分。[1]

　　所以创造自己的类别、子类别、流派或者产品差异，可以直接跳出"如何塑造品牌"的剧本。在回报巨大、竞争激烈的数字营销行业中，每个人都试图建立品牌差异。

如果一家创业公司在"拥有"类别的同时可以展示出规模、势头甚至微小的产品差异，就很容易吸引投资、人才和新的商业机会。毕竟，你可能就是下一个大事件。

在数字营销领域，你会发现这样的事情在不断发生。在你的数字营销类别下面产生新的类别以及子分类是市场成熟的标志。

原生广告分类及子类别

这是原生广告领域如今正在发生的事情。有很多流行术语，例如品牌化内容、内容合作、信息流分发、原生展示、流内原生、广告内原生、真原生、优质原生、内容推荐、内容发现、内容组件等。其中一些术语有一些微小区别，而其他的意思相同。

在对原生广告领域进行了解时，很容易被这些词汇弄糊涂。如果你感到困惑，那么首先记住你不是唯一感到困惑的人。原生广告一直是一个笼统的词汇。在一个发展迅速的领域，人们喜欢分类，并推动品牌差异化，这就很容易出现许多术语。

原生广告正处于这样一个阶段：所有广告宣传都已被认知度取代，而曾经可有可无的数字产品已经成为媒体计划中必不可少的东西。随着原生广告不断发展，缺乏清晰的认识将威胁原生广告未来的成功发展。如果人们不能正确了解原生广告，那么他们又如何将原生广告卖给客户，如何有信心地购买原生广告、维护广告标准、促进原生广告发展呢？

　　写作本书的初衷就是消除关于原生广告的"杂音"。缺乏经验的人用谷歌搜索原生广告后，看到相关介绍总会感到更加困惑而非获得了答案。我曾是英国互联网广告局内容及原生委员会的成员，与品牌、机构、发布平台一起讨论原生广告形式的分类。这是一场在持续进行的讨论，对于原生广告市场来说这场讨论非常重要。

原生广告产品定义

　　接下来，我们将看一下现有原生广告产品以及如何简化产品分类，由此可以看出不同类型的原生广告对于业务有什么帮助。定义不同类型的原生广告很具有挑战性。很难将如此灵活的原生广告进行分类。原生广告几乎涵盖所有推广形式，从推特上的推广内容到《纽约时报》上的深度互动文章，从谷歌上的搜索结果到亚马逊网站上的产品清单，从脸书上的推广视频到信息流中如何使用博客的推广内容，包罗万象。原生广告的灵活性使其难以被定义。但是这并不意味着没有人试图定义原生广告，并对原生广告进行分类。

互联网广告局说明手册

互联网广告局试图率先定义原生广告。2013 年 12 月，美国互联网广告局发布了《原生广告手册》，希望为内容发布平台、机构以及市场人员提供指导，在商业推广活动中利用原生广告。

这本手册为行业人士如何看待原生广告打下了基础。互联网广告局品牌创新主管彼得·明尼姆解释了发布这本手册的原因："对于原生广告的定义和结构越清楚，就越有利于品牌将原生广告纳入广告预算中。"[2] 或者，简单来说："如果广告商可以更好地理解原生广告，他们就能购买更多原生广告。"

互联网广告局的说明手册主要列出了 6 种原生广告互动形式（见图 6.1）：

1. 信息流广告；

2. 付费搜索单元；

3. 推荐工具；

4. 推荐列表；

5. 互联网广告局标准广告内的原生单元；

6. 定制单元。

《原生广告手册》很好地给出了原生广告的通用定义，但是随着原生广告领域的发展，这样的定义会带来误解。这主要是因为自 2013 年以来原生广告领域的术语不断改进，分类不断细化。

如今原生广告领域需要改进。我们来分别了解一下每种类型的原生广告。

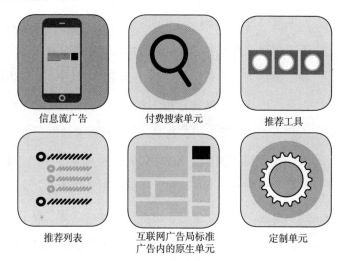

图 6.1　互联网广告局说明手册列出的 6 种原生广告互动形式

信息流广告

根据《原生广告手册》的定义，这类原生广告包括像脸书这样的社交媒体平台和其他社交媒体网站上的信息流广告，以及内容发布平台上的信息流广告。

- 付费搜索单元。这个单元涉及谷歌关键词广告搜索结果和相似的点击收费搜索引擎。

- 推荐工具。此工具指内容发布平台上无所不在的内容推荐，通常但也不完全位于文章页面末尾。

- 推荐列表。主要指像亚马逊这样的网站上推荐特定产品的产品列表。

- 互联网广告局标准广告内的原生单元。你可能没办法一下子理解这类原生广告指的是什么。这类原生广告主要指横幅广告，也就是有"原生元素"的 MPU（多功能单元，出现广告的方形框）和横幅。"原生元素"是什么意思？从本质上讲，这是一种出现在互联网广告局标准广告规格（例如每 MPU 300×250 像素）中的广告，但是其内容可能包括标题、缩略图和文字描述。

- 定制单元。这类原生广告也很难解释。这类广告相当于"其他类别"，例如一些出版商或者发布平台定制的原生广告形式。定制单元是对所有原生元素的一个概括。

很容易看出这些分类归纳是如何发展的。原生广告的核心定义是"广告与其所在平台的设计相匹配，看起来给人感觉就像是平台的原生内容，带给用户与原生内容一致的体验"。这意味着几乎任何数字媒体形式，稍加想象力，就可能成为原生广告。但是不能看见树木就以为是森林，把所有广告都归纳为原生广告，这会产生误导。

付费搜索单元

以付费搜索的列表为例，大家都认为像谷歌关键词搜索这样的搜索列表属于原生广告形式，但是在过去 10 年的大部分时间里，这整个部分被称为"搜索"和"付费搜索"。问任何一个营销人员什么是付费搜索，他都会告诉你是"付费谷歌广告"。把搜索和原生广告以这样的方式混合在一起，会让情况变得混乱。

互联网广告局标准广告内的原生单元

现在我们来看互联网广告局标准广告内的原生单元，或者更确切地说是原生的横幅广告。这类广告也在市场中造成了困惑，因为很多人第一次读到这个复杂的术语时都很难立刻理解。

原生广告开始流行的时候，很少有发布平台提供定制原生广告配置。那时候广告在网站的边缘——横幅位置。如今，大部分优质内容发布平台上都有原生广告单元。我知道，这是因为我曾经帮助很多平台建立原生广告位。关于原生广告位、原生广告的外观应该是什么样子以及原生广告的类型已经有了很多内部讨论。但 2013 年的时候情况并不是这样的。

定制类型，即其他所有原生广告形式的统称，也留给人们更多误解。如果你是某品牌的首席市场官，对原生广告领域不熟悉，那么你肯定希望清晰地了解这个领域。"定制"真的能帮你弄清楚吗？我猜一定不能。

从某种程度上来说，"定制"这个术语难以避免，否则该如何把不同产品类型放在一起呢？但是随着时间的推移，是时候区分一下"定制"都有什么类型，看看改进的定义如何帮助我们进行区分。

需要重申一下我们在 2013 年面临的挑战。《原生广告手册》是一份非常好的介绍。但是我们还需要进一步来清楚地定义原生广告，促进原生广告领域的发展。

《内容及原生定义框架》

2016 年 5 月，英国互联网广告局发布了《内容及原生定义框架》。此定义框架把内容和原生广告分为三个主要类别：品牌自主原生广告、内容发布平台主办和（或）制作原生广告、原生广告分发单元。接下来，我们将对这几类进行总结。

案例研究

品牌内容：百事极度和 BuzzFeed

2015 年夏天，百事极度和 BuzzFeed 澳大利亚网站合作，以提升百事极度在澳大利亚市场的知名度，增加销量。百事极度和澳大利亚 BuzzFeed 共同创作了一系列文章，文章以"夏天和娱乐"为主题。BuzzFeed 创作了使澳大利亚用户产生共鸣的内容。文章标题如下：

- 今年夏天不能做的 12 件事；
- 澳大利亚必去的 11 个史诗级旅行胜地；
- 13 个理由告诉你为何夏天是你的最佳伴侣；
- 这个夏天必做的 13 件事。

这个清单式的内容也包括类似于"在澳大利亚确保你获得极致生活享受……"的介绍。

分发对象涉及脸书上的特定澳大利亚用户，根据关键词匹配研究用户行为，利用脸书社交媒体广告单元，分发给更可能参与百事极度和 BuzzFeed 内容的用户。

结果

- 总阅读量 245 302 次；
- 付费阅读量 169 715 次；
- 社交媒体阅读量 75 687 次；
- 百事极度内容浏览 293 天；
- 增加 1.4 倍社会知名度；
- 用户对广告内容页面的平均浏览时间与澳大利亚同期相比提升了 16%。

为什么有效?

这些内容是为了在一年中的特定时期——澳大利亚的夏天,吸引特定用户而设计的。广告内容最终达到了这些目的,但是也通过优质的内容调整了品牌,使其与即将到来的夏天的感觉和情绪以及"娱乐"产生联系。广告内容并没有过度宣传,正如其宣传理念一样,也达到了"娱乐"的目的。有趣的图片和好玩的"生活窍门"促进了用户在社交媒体上的分享和持续的内容消费。以上优质内容通过脸书发布,分发到目标用户,保证了百事极度能够扩大用户,触及目标用户,实现整体的推广目标。

定义的困难

明确不同的相关方以及它们如何与原生广告生态系统产生关联,这十分具有挑战性。在美国和英国,如果没有互联网广告局,原生广告领域会更加杂乱、不明确、松散。面对数字广告领域的市场力量、新技术和持续创新,行业主体、既得利益者以及媒体行业都在努力跟上数字媒体广告领域的变化,这是一个持续的过程。我们需要意识到,从行业外的角度来看,营销人员需要了解消费者要买什么。

简化原生广告格局

在接下来几页中，我将进一步细化原生广告市场，尽量简化如今的原生广告格局（见表 6.1）。

表 6.1　英国互联网广告局《内容及原生定义框架》

	广告商	媒体收入（以品牌为基础）	
品牌自主内容		由内容发布平台制作	原生分发广告单元
	自主	付费	付费
是什么？如何工作？典型特征	归广告商所有，由广告商操作：构想、制作、管理 例如网站 / 应用程序 内容元素（文章、幻灯片、视频、应用软件、社交网页 / 分享） 契约出版	1. 内容发布平台控制的内容（有时也叫作"支持者"或"赞助商"） · 由内容发布平台制作广告内容，和周围编辑环境相似，有品牌授权，但是可能没有品牌资助 · 内容发布平台编辑控制、签字 2. 广告商控制的商业内容（有时也叫作"广告功能"或"软广告"） · 由内容发布平台或品牌制作，或双方合作 · 内容发布平台编辑控制、签字 3. 内容发布平台和广告商联合控制的商业内容（有时也叫作"广告功能"或"软广告"） · 由内容发布平台或品牌制作，或双方合作，有品牌授权，但是可能没有品牌资助 · 内容发布平台和品牌编辑控制 · 用户参与、内容发布平台签字	自动化、程序化（规模）内容分发。例如包括： · 第三方聚合 · 第三方策划 · 第三方发现工具 · 第三方推荐工具 · 内置广告（互联网广告局标准广告格式） · 应用程序嵌入 · 信息流 · 定制广告格式 · 推广帖子

	广告商	媒体收入（以品牌为基础）	
	品牌自主内容	由内容发布平台制作	原生分发广告单元
	自主	付费	付费
品牌目的	目的地 / 品牌	内容发布平台的内容体验 / 合作关系	交通 / 品牌 / 内容发布平台的内容体验 / 合作关系
工资基础	内容营销 / 公关费用	推广利率卡	租期、CPE（按参与付费）、CPC（每点击成本）、CPA（每行动成本）、CPM（每千人成本）、CPL（以搜集客户信息多少来付费）
章程	英国广告标准局（ASA）和广告实践委员会（CAP）的规范（营销传播）	1. 可能受到非广告行业的监管，如 IPSO（英国报业独立监管委员会） 2 和 3：英国广告标准局和广告实践委员会的规范	英国广告标准局和广告实践委员会的规范（广告）

资料来源：英国互联网广告局。

6 种原生广告

- 搜索型；

- 社交型；

- 产品列表；
- 发布平台合作；
- 信息流；
- 内容推荐。

以上前3种原生广告，就像浩室音乐和舞曲的关系，已经成为3种独立的原生广告类别。搜索型已经广为人知，有据可查，是一种庞大的媒体类型。如果你希望从本书中了解更多关于搜索型的内容，那么你可能看错书了，可以去看很多其他关于搜索型的书。因此，把搜索型列为原生广告，虽然理论上正确，但是依旧让人觉得混淆。

产品列表也是如此。我与任何人谈到原生广告时都不会说到这类原生广告。如果你经营一家小企业，并且进入亚马逊市场，那么你很有可能采取这种形式的广告。但是我猜你一定不知道这就是原生广告。因此，现在我们可以先不管这类原生广告。

在上面几种分类中，我特意把社交型列为独立的原生广告类型。这是为什么呢？因为社交媒体已经成为一种庞大的媒体类型，完全可以独立运行。社交媒体广告百分之百是原生广告。但是对于希望磨炼、利用好原生广告技术，了解市场格局的营销人员来说，他们需要差异化，例如脸书信息流广告和发布平台程序化信息流原生广告。把脸书上的付费内容发布称为原生广告，这就足以让人感到困惑，还会产生阻碍。

你需要了解的几种主要原生广告类型

现在剩下 3 种主要原生广告类型：品牌与内容发布平台合作、信息流原生分发、内容推荐。大部分人在提到原生广告的时候，想到的都是这三类中的一个或者社交媒体广告。他们可能不知道如何准确描述，但这就是他们想到的原生广告形式。我猜这些形式也是正在读本书的你想到的。

你看到的大部分写着原生广告的新闻故事、博客内容和思想领导力都涵盖在这些主要原生广告类型或原生广告定义之中。很可能这就是你读本书的原因。在本书中，我们主要关注这些主要原生广告类型。原生广告金字塔如图 6.2 所示。

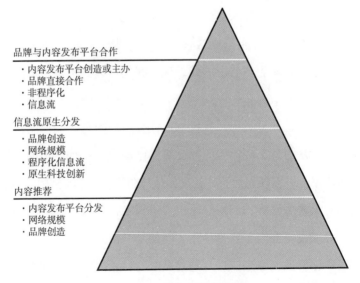

图 6.2　原生广告金字塔

品牌与内容发布平台合作

这类原生广告正在迅速增长，并且拥有很多不同的名字。例如，英国互联网广告局定义其为内容发布平台主办和（或）制作原生广告。很多内容发布平台称其为品牌内容、合作内容、内容发布平台合作内容、品牌与内容发布平台合作内容等。为了简单起见，我称之为品牌与内容发布平台合作。为什么呢？主要是因为这类原生广告总是由内容发布平台主导，比如BuzzFeed、《纽约时报》、Mashable（互联网新闻博客）、石英财经网、《大西洋月刊》、《电讯报》、《独立报》、德国的布尔达先锋（Burda Forward）等。

这类原生广告的核心是，内容发布平台为品牌打造满足平台用户期待且符合平台口吻的优质内容。原生广告的形式在本质上是某个内容发布平台与某个广告商之间的合作。内容通常由内容发布平台内部经验丰富的商业内容工作室提供，这样可以保证内容符合目标用户的期待。然后，原生内容在这个平台上发布、分发。由广告品牌决定广告提议和概念，但是由内容发布平台负责主要创意构想和内容分发。

品牌和内容发布平台进行合作

通常，这类原生广告是由品牌直接找到内容发布平台的，比如直接联系《纽约时报》，或者由品牌的数字营销代理代表品牌联系内容发布平台。关键要记住，这是一种点对点的关系。根据广告订单，双方协定价格后完成预定。除了在平台网站上发布内容和（或）其他数字资产外，还有一个庞大的团队负责生产原生内容。

当合作平台发布一条原生广告内容之后，在内容发布平台的网站首页、分类页或者文章页可以看到一个原生广告单元预览图。这个预览图和网站上其他内容的形式一样，例如有标题、文字描述、简略描述等。但是广告内容会带有标签，告诉用户这个内容实际上是广告。大部分内容发布平台合作产生的内容会标有"由……赞助""由……推广"，或者类似内容。

用户点击预览图后会进入网站的一个编辑页面，看到品牌与内容发布平台合作的原生广告内容。这个页面上的内容同样要有赞助内容的标记，或者相似提示。但是，关键是要记住广告互动发生在发布平台的环境内，而不是广告商的环境内。你在发布平台与原生广告内容进行互动，周围是其他编辑消息和品牌。你一直都处在最初的原生环境中。内容发布平台认为，允许精心编辑的内容出现在平台上，这为广告商提供了一个很好的机会，吸引平台用户参与活动，建立信任，从享有声望的编辑关系中获益。

支持者认为，内容发布平台合作形式的原生广告是唯一应该存在的原生广告形式，因为这类原生广告保证看起来或给人感觉和网站编辑内容一致。更关键的是，原生广告的语言、语气、内容风格也和周围内容保持一致，因为这些广告内容出自内容发布平台专家之手，他们针对平台用户以恰当的口吻编辑广告内容。

这就是为什么你在 BuzzFeed 上读到的品牌内容和网站上大部分内容一样是"清单体"的排版风格，而不是一篇大概有1 000 字的社论式广告。

内容发布平台合作与程序化

优质品牌与内容发布平台合作类型的原生广告通常没有以程序化的方式进行买卖或交易。这一点十分值得注意。这类原生广告很难采用标准化的媒体采购流程，因为广告商在和内容发布平台进行合作的时候，购买的是创意服务和内容创作。将时间、原创能量、想法构思量化成标准程序化和可交易的营销指标十分困难（见第十三章）。到目前为止，创意成本是大部分内容发布平台利用原生广告赚取利润的最重要的来源，因此很多大规模内容发布平台并不希望采用程序化的方式购买这类原生广告。然而，广告技术平台 Nativo 近期针对"真原生"形式的广告推出了程序化购买，这预示着在不久的将来这类原生广告的购买形式将发生变化。

为了避免混淆，内容发布平台合作原生广告的预览图通常位于内容平台的信息流之中。在很多情况下，内容发布平台合作广告的预览图和信息流原生广告单元（后面将进行讨论，是另一种不同的原生广告类型）实际上会占据相同的存储空间，但是内容发布平台通常会使自己合作的原生广告优先于第三方的信息流原生广告。

内容发布平台合作原生广告总结

内容发布平台合作原生广告也叫作品牌内容、广告伙伴、内容记录、内容工具。

- 内容发布平台打造原生内容；
- 通常由一个内容发布平台主办；
- 品牌与内容发布平台之间，或代理商（代表品牌）与内容发布平台之间是一对一的关系；
- 非程序化；
- 预览图可以出现在信息流中。

主要供应商：

- 全世界范围内所有主要内容发布平台；
- 技术供应商，例如 ADYOULIKE、Polar、Nativo。

关于原生标签的真相

"真原生"是原生广告领域的最新词汇之一，未来可能会被广泛使用。这个词到底是什么意思呢？"真原生"用于描述品牌和内容发布平台合作原生广告及其背后的科技。

从定义来看，"真原生"一词假定所有其他类型的原生广告都不是真正的原生广告。然而，事实并非如此。这些广告确实不同，但是所有原生广告产品都在市场中占据一席之地。

优质原生

另一个逐渐被广泛使用的词是"优质原生"。"优质原生"也指上述品牌与内容发布平台合作的原生广告形式。这个词和"真原生"的意思一样，只是和"真原生"相比，引起的分歧较小。例如，与顶级内容发布平台合作发布原生广告的成本，比信息流原生分发、内容推荐的成本高很多。内容发布平台也认为品牌与内容发布平台合作的原生广告是它们最优质的原生广告产品。

案例研究

品牌内容：瑞士联合银行和《纽约时报》

瑞士联合银行希望在竞争中脱颖而出。因此它推出了诺贝尔视角论坛。这个论坛旨在展现诺贝尔经济学奖获得者的伟大成就，以及他们一生通过研究获得的观点和想法。

正如瑞士联合银行诺贝尔视角论坛网站（www.ubs.com/microsites/ nobel-perspectives）上写的一样："我们致力于建立一个独一无二的线上图书馆，收录许多诺贝尔奖获得者的采访、分析、理论、生平、经历等。"

以此为目标，《纽约时报》的 T 品牌工作室和精锐媒体（Mediavest）、瑞士联合银行合作推出多媒体互动项目，从经济学的角度分析人工智能的现状，展望未来。此项目最大的挑战是吸引瑞士联合银行的高资产净值人士参与其中，但是这些人往往行踪不定，没什么空闲时间。

此项目的主题是"人工智能：如何成为人类"，将诺贝尔奖获得者赫伯特·西蒙的成果和瑞士联合银行诺贝尔视角论坛的市场营销计划相关联。

为了让大家了解瑞士联合银行的主题，项目充分营造了一个人工智能的氛围，让读者可以了解、体验这个主题的复杂性。包括：

- 原创报道文章；
- 聊天机器人体验；
- 原创摄影；
- 3 场问答——重要专家；
- 纪录短片；
- 互动时间。

结果

在 T 品牌工作室的显示器上可以看到实时数据：

· 网页浏览量 217 593 次；

· 社交推荐数 133 次；

· 独立访问量 196 000 次；

· 平均驻留时间 1 分 24 秒；

· 平均视频观看率 68.4%。

这个项目在第一个月就达成了目标，总共获得超过 200 000 次网页浏览量，超过了客户及内容发布平台的预期。平均驻留时间超过了 T 品牌工作室的基准水平。

· 每 5 人中有 4 人认为这些内容很适合瑞士联合银行；

· 在亚洲、欧洲、美国，80% 的付费文章被反复阅读；

· 每 3 个读者中有两个想阅读更多瑞士联合银行发布的内容；

· 品牌受欢迎程度提升 25%~35%。

为什么有效？

为没有时间的高资产净值人士设计内容有很多挑战。内容标准必须极高才能吸引他们参与其中。内容概念必须很棒，执行要非常高效。上述案例完成得非常好。对于这个从不轻易分享内容的人群来说，133 次社交分享和超过 1 分钟的驻留时间充分说明内容非常吸引人，每 3 名读者中就有两名对瑞士联合银行的内容感兴趣，希望看到更多相关内容也印证了这一点。为什么有效？最关键的原因是想法非常好，内容相关性强而且有趣，内容展示的环境对于目标用户来说非常有吸引力。这是品牌内容广告的优秀范例。集创意、编辑、设计为一体，使品牌化内容发挥到极致。

想了解更多内容，请参见 http://paidpost.nytimes.com/ubs/what-it-takes-to-be-human.html。

信息流原生分发

这类原生广告或许是原生广告领域中最需要分类的一种。这类原生广告风格很容易被混入其他类型，或者不能被完全理解。信息流原生分发是我所在的公司 ADYOULIKE 主要制作的原生广告类型，因此，这是我最了解的一类原生广告。实际上，这是我与同事以及一些竞争者共同助力创造的原生广告类型。我们在欧洲、美国及全世界其他地区，一点点地通过一个个内容发布平台整合这种新的原生广告单元。一开始不太顺利，而如今这类广告每年价值数十亿美元。信息流原生分发已经成为世界上一些最大的内容发布平台数字广告收入的重要部分。因此，信息流原生分发需要单独成为一类，与社交媒体原生广告及其他主要原生广告形式区分开。

什么是信息流原生分发?

当非媒体行业的人让我解释自己的工作内容时,我通常会进行一个基本的电梯演讲,就像这样:

我的工作是在全网的内容发布平台运营脸书式的广告。广告主要推广有趣的内容——文字或者视频。广告将直接定位在信息流中,出现在所有设备上,包括手机、台式电脑、平板电脑。

这就是我的基本总结。我总是会以脸书广告开始,因为几乎所有人都很熟悉脸书广告是什么样子的。本质上,这类原生广告是这样的:它复制广告风格,用相同的内容作为社交媒体广告,但是放到了"开放网络"内容发布环境中。信息流原生分发是将优质原生广告单元无缝衔接到内容发布平台上,可以分发所有类型的内容,比如文字、视频等。

内容发布平台语言风格 VS 品牌语言风格

作为广告商,当你和内容发布平台合作推出优质品牌内容原生广告的时候,需要评估内容发布平台的独特语言风格,使品牌的营销内容与其贴合。相较而言,信息流原生分发为品牌提供了直接与广大用户分享自己内容的渠道。品牌逐渐开始选择信息流原生广告形式分发品牌自创的内容。这是品牌直接对用户发声的渠道，而不是通过内容发布平台发声。

每年，品牌会花数百万美元创作品牌内容。大部分品牌会珍惜自己与主要内容发布平台的合作关系。但很多时候，品牌也热衷于分享优质内容，会花费数百万美元来自己创作独特的广告信息。这就是为什么它们会在脸书及其他社交媒体网站上发布广告。信息流原生广告可以帮助品牌在除社交媒体之外的主要内容发布平台上发出自己的声音。实际上，这是将品牌的推广机会最大化，吸引信息流中更多的目标用户。

信息流中的内容和与内容发布平台合作的内容不同。大部分情况下，信息流中的内容由品牌自主创作。这种原生广告方式仅仅是品牌内容分发的渠道。

案例研究

原生广告信息流分发：万豪周末

针对现代英国人的度假习惯进行研究后，发现"微休息"情况正在上升。"微休息"是指迅速、简单、在本地的短假期。

2016 年 8 月和 9 月，万豪酒店希望在英国推广"微休息"的概念，同时推广"发现周末的自己"活动，让消费者去参观万豪在英国各地的房产。目标人群是 18～35

岁的单身人士、情侣、有孩子的家庭，以及英国短期休假、节日、度假市场中的消费者。

　　万豪酒店采取了全新的创意方式，以测试的方法，让用户"发现周末的自己"。ADYOULIKE 采用原生分发产品，将广告投放给市场中的度假者。用户通过点击参与测试，完成测试后，用户将被定义为 5 种"周末的自己"中的一种：

- 美食发现者；
- 路径探索者；
- 目的地发现者；
- 趋势追踪者；
- 寻求刺激者。

　　万豪酒店也利用 ADYOULIKE 高参与率的原生信息流投放产品，直接将万豪周末页面展现在用户面前，推荐匹配用户"周末的自己"的地点，用户可以直接预订周末的度假地点。

　　万豪也借助 ADYOULIKE 的内部内容工作室，根据"发现周末的自己"创作了 5 篇优质文章，突出强调了 54 家英国万豪酒店所在地区的旅游胜地。这些内容采用了 ADYOULIKE 的原生故事产品，这个产品可以批量制作优质内容。

结果

　　ADYOULIKE 的原生信息流投放产品使测试及内容板块获得了很高的参与率。

原生故事

- 展现量：2 813 001 次；
- 平均驻留时间：4 分 50 秒（最高 11 分 53 秒）。

原生通信量

- 展现量：6 892 056 次；
- 点击率：1.16%。

原生通信量（测试）

- 展现量：3 214 464 次；
- 点击率：1.40%；
- 总体酒店预订量：242 个。

为什么有效?

　　"发现周末的自己"这一概念与用户产生共鸣。围绕这一概念设计的高参与度内容，比如有趣的互动测试，是与用户建立持续关联的关键。此外，采用信息流内高参与度的广告形式而非在内容发布平台外围发布广告，实现了有效的信息触达，带来了很高的点击率。以恰当的内容和上下文环境将广告信息传达给相关用户也是成功的关键。这次宣传推广项目达成了一个品牌建设关键业绩指标——获得了 242 个酒店预订订单，这也证明了原生广告具有巨大的投资回报。

建设规模：科技和创新

信息流原生分发适应规模化制作。广告商主要是大型媒体机构或者大型媒体机构的交易平台合作伙伴。这类广告以一些特定信息流原生广告科技服务公司为主，例如 ADYOULIKE、Sharethrough、TripleLift 等。这些公司都拥有内容发布平台合作网络。典型的关系是代理—科技，而非品牌—内容发布平台。规模制作和迅速进行原生内容分发的能力十分重要。

这也是程序化交易的一类原生广告。这一点十分重要，因为随着程序化交易越来越普遍，这是通过信息流原生广告进行广告支出的唯一方式。2016 年研究机构 BI Insider 发布的研究预测，从 2016 年到 2021 年，信息流原生广告收入将构成原生广告收入的主要部分，仅美国信息流原生广告收入就将达到 360 亿美元。

还有一点值得注意，信息流原生广告中的科技平台如今依旧是原生广告领域科技创新的主力。这类原生广告推动了程序化原生广告形式的发展，有效地铺设新渠道，连接了原生广告幕后单元与程序化原生广告需求市场。同时，这类业务也帮助了很多常用广告形式（例如，自动播放信息流视频）从社交媒体平台转型，使内容发布平台更容易获得这些广告，并利用广告获利，同时也方便使用。

这类原生广告不断测试、发布新产品（例如人工智能），以不断提升原生广告制作能力。随着越来越多的内容发布平台认识到与原生科技合作的价值，它们推动了很多内容发布平台合作原生广告项目，逐渐定位为原生广告服务商。一些主要内容发布平台采用了原生内容管理系统。

很多品牌青睐信息流原生广告单元，是因为其所在的环境。通常，内容发布平台网站上的信息流原生广告单元是独立的，周围没有任何其他原生广告单元。信息流内全部是编辑内容。

信息流原生广告总结

信息流原生广告也叫作流内原生广告、原生展示、程序化原生。

- 通常由品牌自己制作内容；
- 规模化——能够在多种内容发布平台分发一条内容；
- 网络级关系——从单一入口点运营原生广告的能力；
- 程序化交易；
- 不同设备的信息流投放；

- 能够发布多种内容——视频等；
- 原生科技及创新的先锋。

主要供应商：

- ADYOULIKE；
- Nativo；
- Sharethrough；
- TripleLift。

内容推荐

内容推荐工具是一种非常成功的原生广告形式。即使你对这个名字不熟悉，你也一定熟悉这类产品。访问任何大型新闻网站，读到文章底部，通常都会有一个推荐栏，里面有 3～6 篇甚至更多像"推荐故事"或"相关内容"这样的文章。推荐框中通常配有一张图片和一个具有吸引力的标题。当你点击广告时，页面会跳转到第三方网站，通常是另外一个内容发布平台的网站。网站鼓励用户在这里阅读文章，继续点击网站中的其他内容。内容推荐为市场营销人员提供了巨大的规模。你只需要为一次网站访问点击支付几美分，就可以让你的内容被分享到上千个网站上。你只需要为访问付费即可。这类广告通常不是通过程序化交易完成的，而是通过自助平台下载内容、纳入预算，非常简单、高效。但是这样的交易方式也在改变。

一些关于内容推荐的统计数据非常惊人。内容推荐平台Outbrain 称，内容推荐访客比来自搜索引擎的访客每次多看一倍的页数，比来自社交媒体的访客看到的页数多 165%。就跳出率而言，内容推荐比搜索导流跳出率低 23%，比社交媒体导流跳出率低 32%。[3]

但是也有人指出，由于内容推荐通常在文章底部，所以点击并阅读更多内容的用户已经处于"内容消费"模式中。因此，他们很可能阅读、消费更多推荐内容。

精明的市场营销人员和内容发布平台利用内容推荐单元向更广泛的用户群推荐内容，把网站访客吸引到他们的网站上。在过去几年中，原生广告形式已经成为大部分市场营销人员的工具箱中的重要组成部分。为什么呢？因为原生广告形式可以规模化，价格适中，也很容易推出、监测。如果利用得当，原生广告可以为数字营销活动做补充，成为规模化分发优质内容的重要方式。

内容推荐总结

内容推荐也叫作内容发现、内容再创作、内容组件。

· 价格便宜，点击付费模式；

· 自助测试内容方式；

· 网络级范围。

主要供应商：

· Outbrain ；

- Taboola;
- Revcontent ;
- Plista。

案例研究

内容推荐：Amura 和 Taboola

Amura 是印度顶级数字营销公司，专注于效果营销，在浦那、孟买、班加罗尔、德里都设有办事处。印度的大型房地产经济公司都是其客户。

2015 年 6 月，Amura 举办了第一次印度房地产限时抢购活动。这场为期 4 天的线上房地产活动，展示了印度 50 家顶级房地产开发商在 15 个城市的房产。这是印度首次房地产类线上限时抢购活动。

这次限时抢购活动获得 35 家全国级开发商的支持，展示了来自孟买、德里首都区、班加罗尔、浦那和金奈的房地产。

Amura 采用内容营销的方式来推广这次活动，利用内容推荐平台 Taboola 分发内容，使内容触达全球的印度房地产购买者。这次宣传推广活动的主要目的是，在互联网上找到目标购买用户，指导他们在印度房地产限时购买网站填写电子邮件、电话号码，登记他们的购买意向。[4]

结果

- 宣传推广活动结束,限时购买网站新增注册用户超过 500 名;

- 在销售期间,限时购买网站的高质量访问增加 10%;

- 在销售期间,创意标题、文字描述、图片以及测试优化使网站点击率提升了 20%;

- 大量用户参与,在潜在购买者中提升了品牌知名度。

为什么有效?

这是利用内容营销和内容推荐服务提升转化率的绝佳案例,无论任何行业都可以参考。本次宣传推广活动成功的关键是,在全球市场中准确定位有意向的购买者,在恰当的时间规模化地推荐相关定制内容。围绕效果最好的创意不断优化,使这次宣传推广活动点击率显著提升,这正是成功的原生广告宣传推广结果。

超过 500 名新注册用户是真实、可量化的商业结果,证明将内容规模化地分发给正确的用户会有怎样重大的影响。除此之外,这次宣传推广活动的效果和直接影响很惊人,活动带来的品牌影响力提升和对限时抢购的宣传也不能忽视。

利用原生广告满足你的营销需求

我已经介绍了几种不同类型的原生广告，你们可以自行讨论、测试，看看如何在自己的业务中利用这些原生广告。

对于市场营销人员和内容发布平台来说，选择哪类原生广告并不是一个非此即彼的决定。品牌与内容发布平台合作、信息流原生分发、社交媒体广告、内容推荐，所有这些原生广告类型都可以彼此合作或者独立使用。究竟如何利用这些原生广告形式取决于你的广告预算、业务情况，以及你希望达到的效果。我的建议是把这些类型都尝试一下，分析结果，看看哪类比较有效。总而言之，需要我们了解的 4 种主要原生广告类型包括：

- 品牌与内容发布平台合作；
- 信息流原生分发；
- 内容推荐；
- 社交媒体广告。

对 Nativo 创始人、总裁贾斯廷·崔的采访

Nativo 是原生广告领域的先驱。这家总部位于加利福尼亚州洛杉矶的科技平台公司汇集了全球 400 家领先的媒

体公司和 700 个顶级品牌广告商，改变了品牌内容创作、分发、测评的方式。

从一开始就见证着原生广告领域的发展，你认为这一领域近几年来最大的发展是什么？

早些时候，人们即使听到"原生广告"这个词，也不知道究竟是什么意思。那时候还没有对于"原生广告"的共识，人们不知道如何定义这个词。如今定义"原生广告"依旧很难，但是广告商正在努力更好地理解原生广告，了解原生广告如何规模化，原生广告是否属于市场细分战略，如果更好地评估广告效果等。如今，精明的广告商开始探究原生广告是否可以替代传统广告展示方式以及前置式广告。

Nativo 如何定位自己的广告单元（例如由谁推广，由谁资助）？从开始到现在这个定位是否发生了变化？

原生广告的魅力在于，它能够和用户的经历无缝衔接，但是如果用户感到自己被欺骗了，那么原生广告就优势全无了。这就是为什么 Nativo 并没有遵循美国联邦贸易委员会的指导方针，而是采取了双方公开的方式。我们要求把所有原生广告都明确标注为赞助内容，与编辑内容区分开。Nativo 要求把所有广告商归类为内容来源。

你认为代理机构和品牌最终会"得到"原生内容吗?

现在还在初期阶段,但是广告商及其代理机构确实开始以战略性的方式接触原生广告,而不仅把它当作一种新的"测试"广告形式。此外,大家开始逐渐了解原生广告也分很多形式。Nativo 花了很长时间让媒体用户了解点击进入式真原生广告内容与点击跳出式原生展示之间的区别,了解使用原生视频的有效方式。

原生广告推广的平均点击率如何?

Nativo 电脑端的点击率在 0.5%～1%,移动端更高一点,但其实这是一个错误的说法。我们承认点击率是一个衡量广告展示情况的数据,但是它并不是衡量宣传推广效果的标准。原生广告执行情况提供了完整的标准,衡量用户参与情况以及宣传推广效果。例如,滚屏情况和用户在广告内容上的驻留时间,可以帮助广告商了解点击是否真的吸引到了用户的注意力,用户是否真的被信息吸引。我们也会采用一些其他方法来了解内容对用户的影响。我们有一项非常激动人心的"内容到转化"项目,将原生广告内容与实际商业结果密切联系到一起。请参见 Nativo 2017 年的相关研究。

"真原生"和程序化原生广告可以共存吗?

可以。我们最近与 The Trade Desk(广告技术公司)合作推出了 3 个全新的程序化购买渠道。这是一种史无前例的程序化购买方式,广告商和广告代理商可以激活在整个 Nativo 交易平台的程序化预算,获得不间断的广告体验,获得每月超过 2.01 亿独立访客。此次合作包括私有交易市场、程序化直接交易、公开的实时竞价等流程,充分利用了双方平台。与 The Trade Desk 的合作只是 Nativo 2017 年的合作项目之一。

你认为原生广告对于内容发布平台的收入有多重要? 原生广告形式会持续下去吗?

在媒体生态系统中,为开放网络的内容发布平台提供多种选择,使其规模化,以及提升竞争力十分关键。程序化的出现对于内容发布平台来说并不是非常有益,像展示广告这样的传统形式在移动世界中效果更加不好。原生广告,特别是点击进入式原生广告代表了对于数字广告重新设定的机会。真原生代表了一种新的广告模式,既尊重用户,又可以保护内容发布平台,同时对于广告商来说非常高效。在美国市场中,预计 2018 年展示广告的发展将达到顶峰,然后开始减少。根据商业内幕网站预测,2021年,75% 的数字广告资金都会投向原生广告形式。

广告商都用什么标准来衡量原生广告是否成功？你认为原生广告需要有自己的衡量标准吗？

这取决于原生广告的形式。展示类的原生广告，就是点击跳转到其他网站的原生广告，广告商衡量它们的标准和衡量横幅广告一样——点击量和流量。而对于真原生广告，Nativo 推荐广告商综合考量点击率，以及像滚屏深度、驻留时间这样的用户参与指标。但是，能够以实际商业结果衡量广告效果，对此我们感到非常激动。广告内容是否最终带来了更多的线上、线下销售或行为，这是广告商最终的衡量标准。与此同时，除了点击率之外，我们还推荐广告商对用户参与指标进行考量，这样可以了解用户点击是否带来了有效的用户关注。

对于大品牌来说，原生广告相较于其他广告类型有什么优势？

真原生广告让广告商以一种更真实、更有意义的方式与用户对话。当用户可以无缝参与品牌内容和编辑内容时，用户与广告商之间的价值交换得到了充分尊重。这样的形式让品牌为编辑内容做补充而非打断编辑内容。在这样的模式下，各方都有益处。

原生广告被恰当地安置在信息流或者新闻中，因此，相较于内容右侧和顶部的展示广告更容易被看到。真原生广告能够更好地吸引用户参与、影响用户，而且在移动环境下效果也很好。真原生广告是对于展示广告的软式推销和强行推销，以用户期待的参与方式为准。品牌通过这种形式的广告可以讲述更有深度的故事，来创建意图、改变想法、俘获心灵。而展示广告更擅长获得声望而非创建意图。

你认为在接下来几年中，原生广告面临的主要挑战是什么？

很不幸，在短期内，展示广告公司仍在继续寻找方法融入内容信息流。很多公司为内容发布平台提供了不健康的广告内容，伤害了用户的信任。如果具有干扰性、侵略性的内容带来比较差的用户体验，那么很难创造一个良好的广告生态系统。

为了维护数字媒体生态系统的健康，我们不能让开放网络环境中的内容发布平台消失。如今媒体普遍由广告支持，人们享受出版自由，因此用户接触到各种高质量的内容和观点，也会受到负面影响。如今主要的挑战是，在使原生广告规模化的同时也保证质量，让原生广告变得更好。这就是为什么我们对于原生广告倾尽全力。原生广告尊重用户、保护开放网络环境中的内容发布平台，同时也是广告商的有效宣传推广方式。

第七章　谁会从原生广告中获益？

原生广告几乎可以在任何绩效标准下、消费者参与品牌活动的过程中或产品的销售周期内为几乎所有商业业务服务。在本章中，我们将展示在任何地方，无论你的业务或目的是什么，原生广告都能成为数字营销工具箱中的一个有用工具。

2015年3月，英国高级出版商的代言人——在线出版商协会（AOP）发现，将近三分之二（59%）的消费者认为原生广告有趣且内容丰富。[1]原生广告起到了作用。

无论你是想学习各种技能的大型品牌的营销经理，还是寻求更多机会的小企业主，甚至是预算有限的初创企业主，本章都将向你展示如何利用这一令人兴奋的广告媒介来满足你的需求——无须花费大量金钱。

为什么选择原生广告？

无论公司大小，原生广告有效的关键原因如下。

- 更好地参与。原生广告整体比其他类型的数字广告效果好，特别是对于移动端来说。原生广告标准点击率在 1% 左右，移动端点击率根据商业活动情况会有所不同，在 2% 至 3%。相较而言，横幅广告的点击率只有 0.05%。[2] 这就是原生广告深受欢迎的原因。

- 更好的形式。原生广告融入周围页面内容，相比于横幅广告、弹出式广告、视频前置广告等数字广告而言，原生广告可以更好地被用户接受。原生广告属于非侵入式广告，这样的形式不会让用户觉得反感。因此，以原生广告形式进行宣传推广的品牌通常不会让用户讨厌。

- 多资产执行。很多年来，在营销领域，"品牌即内容发布者"这个说法很常见。无论在任何行业中，所有大品牌都意识到要创造内容，使其成为营销信息的一部分。因此这会涉及浩如烟海的内容：短新闻故事、博客、长篇社论、采访、信息图表、测验、米姆（meme）、图片库、白皮书、PDF（便携式文档格式）指南、互动图表、视频、YouTube 播放列表、360 度照片、照片墙页面、Pinterest 简介、领英文章、360 度视频、现场直播。大品牌公司不断规模化制作这些内容，而内容发布平台以及小的品牌竞争者都难以匹敌。但很多时候，这些内容都是为了一个特定的目的而创建并使用的（比如在脸书上推广某项活动，或者销售），然后就不再使用了。毫不夸张地说，这些大品牌坐拥丰富的内容宝库，这些内容都可以用于原生广告。原生广告还有另一个好处：不受内容形式的约束。上面提到的所有例子都可以进行改变、重新包装用于不同平台（例如脸书或者推特）的原生广告宣传推广活动，在内容发布平台的信息流及内容推荐单元中运行。推广视频故事和利用原生广告推广详细的企业白皮书一样简单。和其他数字广告形式不同，原生广告的推广内容不受形式限定。

轻松传递复杂信息

对于很多品牌来说，详细解释产品功能以及产品带给用户的帮助是一件非常复杂的事。以金融服务为例，如果你想向特定用户介绍一款养老金产品的优势，很难用一条横幅广告说清楚。但是利用原生广告可以说清楚。可以推广长视频内容，解释清楚产品的一切优缺点。或者，可以和某个内容发布平台合作创造一条优质的原生内容，按照内容发布平台的风格和口吻，准确地传达信息。或者也可以同时采取上述两种方式，以及其他20种方式，分开测试什么样的内容和什么样的传达方式效果最好。

案例研究

品牌内容：Villas.com 和《独立报》

Villas.com（提供度假屋出租的网站）希望在青年职业人士和家庭中推广其网站，重点突出可供出租的房屋范围以及租房相对于订传统酒店的优势。

解决方案

为了让用户了解到 Villas.com 的房子，以及自给自足的度假方式相较于酒店度假的优势，《独立报》针对不同目标群体对不同的度假方式进行了一手报道。该报纸在周末派撰稿人到威尼斯和美食爱好者一起体验自给自足的旅行，到离家不远的萨福克郡与家人朋友体验周末聚餐。此外，《独立报》还在其下属的网络平台 indy100 上发布了一个有趣的图解指南，为人们提供一些实用建议，告诉他们如何拍出度假美照、如何修图。除此之外，《独立报》还在报纸和网络媒体上发起了一项活动，鼓励用户分享最佳度假照片，并有机会赢得 10 000 英镑。

结果

此项宣传推广活动仅包括三部分内容，却产生了超过 50 000 次网页浏览量，是预期效果的两倍多。其中，在萨福克郡度过周末时光的文章效果最好,网页浏览量超过 20 000 次,是预期效果的四倍。

为什么有效?

这个事例很好地说明了有时候最简单的方法最有效。这个宣传推广活动的成功之处在于它的简单:将恰当的内容推送给恰当的用户。《独立报》对品牌内容进行编辑,生产出目标用户喜欢的内容,在用户中产生卓越的宣传效果。这样就有效。

塑造品牌个性

正如上文所说,原生广告最大的优势之一就是,可以规模化地分发不同类型的内容。此外,原生广告还有一个优势是,可以尝试塑造品牌的调性。例如,如果你想分享创业故事,突出某个团队成员背后的个人故事,那么原生广告就是将这些内容分发给目标用户的最好形式。过去,品牌只能通过横幅广告将这类内容传达给用户,但是参与率和点击率很低。通常,广告成功与否的标准是销售量或者引导量是否好。但是,原生广告为这些品牌背后的个人故事提供了更有效的分发平台。品牌没有理由不愿意塑造更多这样的故事。品牌如果想介入人们忙碌的日常生活中,就应该以平易近人的方式介入,就像人们身边的一个人一样，还要会讲故事。关于讲故事这点我们已经在本书中说过了。如果品牌不采用这样的方式，那么就仅仅是一个商品，每天干扰着人们的生活。采取恰当的方式，你的品牌将被人们视为值得信赖且具有价值的"朋友"。

进行规模化、低成本的尝试

关于原生广告最棒的一件事就是，除了能够利用任何内容资源之外，其作为一种媒介的规模和影响力也无与伦比。不像其他类型的广告，原生广告可以进行规模化的尝试。脸书率先尝试了多种原生广告形式，并在其平台上采用原生广告形式。截至 2016 年 9 月，脸书日活跃用户数量达到 11.8 亿。[3] Outbrain 是一家成功的内容推荐服务提供平台，每月在全球范围内触及 5.57 亿用户。[4] 在较小范围内，我的公司 ADYOULIKE，在英国、美国、法国及其他国际市场中，提供了超过 50 亿条原生广告。原生广告能够轻易做到发布数十亿条内容，并精准定位数百万用户（如果你希望的话）。

定位

很显然，几乎所有大品牌都希望自己的广告信息可以触达数百万用户。但是随着所有这些可获得的消费者规模的扩大，受众数据的详细程度几乎是无法想象的。例如，你知道脸书用98 个个人数据点为广告定位目标用户，[5] 所以社交网络的定位功能才如此有效吗？这也是为什么人们总是在脸书的信息流中接收到与自身相关度非常高的广告。

不可否认，这些数据非常有助于营销人员锁定相关用户。还记得本书前面提到过的口诀吗？恰当的人，恰当的时间，恰当的地点。可以说相较于其他媒介，脸书上的广告让广告商更接近这三点。

脸书引导，市场跟随。因此并不仅仅是脸书有这样的能力，所有其他社交媒体都具有相似的数据和定位能力。信息流原生程序化科技，每月运营着数十亿条原生广告。基于用户数据及人工智能，这种科技的定位能力越发复杂（在第十六章，会有更多关于人工智能的内容）。同样地，所有明智的内容发布平台都认识到了数据的重要意义，并且逐步建立了复杂的数据库以增强定位能力。现代广告商利用原生广告所能达到的精准定位水平前所未有。

重新定位

原生广告有助于达成商业目标的另外一个方式是重新定位。重新定位，也叫再营销，其实就是将广告信息重新定位给还没有接收广告信息的网站访客。在定位产品或服务的潜在消费者的时候，复杂的算法和用户数据有效结合，提供第二次尝试的机会。你可以定位已访问网站但是并没有消费的用户，甚至可以定位那些已经看过一次广告的用户，附加广告消息。对于广告商来说，跨渠道再营销是一个很棒的机会。简单地说，这就是通过所有营销渠道重新定位用户。因此，如果有人点击了谷歌广告词广告，那么就用脸书广告重新定位。或者如果有人点击了脸书广告，那么就用优质内容发布平台的信息流原生广告重新定位。机会无数，随着原生广告涉及的范围远远超过传统展示广告，原生广告结合重新定位的宣传推广效果将非常显著。

你应该尝试什么类型的原生广告？

接下来，我们将详细说明原生广告对于不同业务类型的效果。我们也会为你推荐可以尝试的原生广告产品类型。以下推荐主要根据广告效果，也会考虑到价格。我觉得为中小企业推荐费用昂贵而回报却不确定的原生广告产品没有意义。值得注意的一点是，没有人比你更了解你的业务、预算、核心客户、预期效果，以及你的竞争者的表现好还是不好，或者你对你的竞争者有什么影响，反之亦然。因此，认真阅读，自己做决定。

品牌广告商

原生广告为大品牌广告商提供的优势显而易见。相比于其他形式的数字广告，原生广告有很多优势。原生广告为大品牌提供的优势与为其他广告商提供的优势相似。正如前面所说，原生广告是品牌内容的默认分发模式，这意味着大品牌应该投资原生广告的各个方面。由于所有品牌都在向"集体篝火"聚拢，因此没有理由不利用所有消费者接触点，分层利用数据，同时扩大范围，在信息流中吸引目标用户参与。

推荐原生广告产品：所有产品。

中小企业

中小企业有很多利用原生广告的机会。正如前文所说，原生广告的数据和定位水平无与伦比，而选择在相关的地方规模化推广意味着中小企业可以在可支付范围内利用原生广告扩大品牌影响力，并向相关用户展示品牌个性。在一个销售循环内使用原生广告是完全有可能的，包括前景展望、产品研究、达成交易、重复购买、持续的客户服务操作等。

自己动手制作原生广告

面对不同的选择，我们很容易感到困惑、混淆，不知道什么信息应该可以放在哪里。希望本书可以帮助你详细了解原生广告流程以及原生广告所提供的机会。但是，如果是中小企业希望扩大原生广告规模，采用代理机构提供的服务会比自己做推广效果好。因为代理机构拥有可靠的内容营销方法和原生广告资历，这会让你不必担心因为犯错误而付出昂贵代价。

至于采用什么原生广告产品，这取决于你的整体预算以及行业或市场形势。所有产品都可能有效，但是可能其中有些产品起主要作用。社交媒体广告相对便宜，但是定位比较精准，因此值得尝试。脸书和推特值得尝试，而是否采用领英取决于是否属于 B2B（企业对企业）业务。同样地，根据目标用户情况，像 Snapchat、Instagram 这样的平台也值得探索。

内容推荐单元的价格相对适中，有利于提高网站的流量。而优质内容发布平台的信息流单元，特别是按照点击付费的那种，也值得考虑。根据产品或者服务，与某个特定内容发布平台合作，以内容发布平台的口吻打造品牌内容，这也是一种可能性。这种推广方式价格比较高，是因为内容发布平台一般收取额外费用，用于内容创作以及授权品牌以平台的口吻接触用户。但是这种方法很有效，特别是对于 B2B 业务，或者针对特定用户群体的业务。例如，如果是一家卖登山装备的公司，与市场上顶级的登山内容发布平台合作将很有效。

推荐原生广告产品：所有产品。

创业公司

除非资金充足，背后有风投支持，有花不完的钱，否则创业公司的早期目标和中小企业相似，就是少浪费钱。然而，一个关键问题是："不烧钱，企业如何发展壮大呢？"尝试数字营销价格昂贵，而且对于经验不足、尚处于起步阶段的创业公司来说，如果尝试失败，会造成灾难性后果。但是作为创业公司，不能放弃行动，如果希望发展壮大就必须用数字广告预算做些什么。所以应该怎么办呢？慢慢来，试验，测试，测试，再测试。所有创业公司将熟悉"少赚多做"——特别是对于广告预算来说，这一点很重要。利用原生广告推出很多内容标题，推出不同类型的内容，慢慢扩大规模，这很容易做到。要尤其注意运营的内容标题。

记住我们所说的定位和规模化：在开始阶段多试验、多学习，就能为将来的营销积累更多宝贵的洞察力。因为通过试验，你知道什么样的方式有效，什么样的方式无效。随着公司不断发展，这种洞察力非常重要。一旦拥有准确的判断，就能迅速将市场份额扩大到难以想象的规模。

像中小企业一样，在社交媒体平台推广原生广告以及内容推荐单元都有效。

适合创业公司的原生广告产品

创业公司预算有限，因此避免在内容发布平台进行品牌内容营销活动推广是更加明智的选择。因为创业公司需要保持灵活性，在各大平台上测试，直到找出最有效的推广方式。只购买按点击数付费的原生广告，这样就只需要为用户行为付费。参考你的定位、再定位选择以及品牌语言，然后参考几个月之后的选择。此外，如果预算允许，可以选择代理商服务或者从事自由职业的专业人员来帮助你管理宣传推广活动，因为运营广告非常消耗精力。如果你对这个领域不熟悉，那就找个专家帮忙，这样你才能专注于你擅长的事情，管理公司起步阶段的工作。

推荐原生广告产品：以按点击数付费的原生广告开始，内容推荐，社交媒体，信息流原生广告。

原生广告对于提升品牌的重要作用

Pergo 是美国最大的地板制造商之一。2015 年，Pergo 希望提升其硬木地板的品牌知名度。于是，与擅长信息流原生广告、程序化原生广告的 TripleLift 公司合作。此外，还利用尼尔森数字品牌效果了解原生广告对于品牌知名度提升的效果。

尼尔森数字品牌效果可以实时评估数字品牌广告的表现。因此,营销人员可以评估提升品牌的关键元素,例如创意、定位、频率,在宣传推广过程中进行优化。

TripleLift 根据尼尔森数字品牌效果的报告结果在宣传推广过程中进行优化,将 Pergo 的品牌知名度提升了 36.8%。[6]

原生广告及搜索引擎优化

在原生广告这个词最开始流行的时候,很多搜索引擎优化企业认为它仅仅是帮助网站及客户改善搜索结果的一种手段。原生广告的其他优势对于它们来说并不重要。对于搜索引擎优化专家来说,任何能够产生高质量后续返回链接、增加网页浏览量及社交分享的事情都值得做。为什么呢?因为这些因素对网站的搜索结果有重要影响。大部分搜索引擎优化以多种方式用原生广告获取优势。

利用原生广告产生返回链接

如果你不熟悉搜索引擎优化,那么在搜索引擎中增加定位的重要方式之一就是,在网站搜索引擎中生成你的网站链接。

例如，在《纽约时报》《卫报》《费加罗报》的网站，或者在BBC（英国广播公司）的网站上有跳转到你的网站的链接，那么你的网站及内容对于搜索引擎来说就是一个很大的加分项。

大部分优质内容发布平台上的原生广告都会连接到广告商的网站，但是这些返回链接逐渐被视为"不准跟踪"。

不准跟踪是什么意思？线索就在字面中：对于搜索引擎爬虫来说这是一种指示，不要跟踪这些链接，不要把其视为网站的返回链接。用外行能听懂的话来说就是，去除加分项。

如果不深入搜索引擎优化的兔子洞（相信我，这个洞非常非常深），一些搜索引擎优化相信返回链接，无论是否允许跟踪，都对搜索结果起着重要作用。这样的想法可能是对的。但无论是否可以跟踪，利用原生广告产生链接对于搜索引擎优化来说都非常有利。还可以采取其他方式利用原生广告提升非付费搜索结果，这些方法总结如下。

- 向网站导流。在搜索引擎优化中，返回链接是一项重要因素，但我认为搜索引擎越来越看中的另一个关键指标是网页的浏览量。理论上，某个网页的浏览量越高，那么网页内容的相关度就越大，因此搜索引擎应该提升这个网页的排列位置。渐渐地，这些成为搜索引擎决定网页是否排名靠前的因素，特别是结合驻留时间（用户在网页停留的时间）、跳出率（用户是否会点击进入网站其他部分，或者在停留过程中返回搜索结果）等指标来看。

- 增加社交分享。结合上面内容，社交分享是搜索引擎考量网页相关度及人气的另一个关键因素。网页分享越多，则越加分。

- 推广返回链接内容网页。搜索引擎优化利用原生广告促进流量，将相关用户吸引到自己的网站，以提升访问量、驻留时间、社交分享等衡量指标。而利用原生广告导流到目标网站域名之外的网页，也是搜索引擎优化的常用策略（你也可以采用这样的策略），但是这可能会通过目标网站。为什么要这么做？最简单的答案就是，好的搜索引擎优化不仅要提升目标网站的流量、表现、搜索结果，而且会为客户网站上的优质网页导流，提升其表现和搜索结果。搜索引擎优化的目的是推广所有或者大部分与网站相连接的网页，如果所有这些网页在像谷歌这样的搜索引擎中的搜索结果都得到提升，那么网站也会受益。我知道这可能会让人有些困惑，但是原生广告逐渐成为搜索引擎优化推广这些网页的重要方式。

让我们来看一个例子。

我发布了我的网站 dalesnativeadvertisingbook.com。在一周内，这个网站地址通过三个广告行业博客发布在三个不同的地方。作为一项搜索引擎优化的措施，我准备利用原生广告向 dalesnativeadvertisingbook.com 导流。记住，我的目标是增加网站流量，在搜索排名中获得更好的排位。网站的流量、分享越多，用户驻留时间越长，跳出率越低，则网站的质量评分越高，这样可以提升网站排名。但是现在我看到三个来自受欢迎网站的新链接，上面有关于我网站的推荐文章。一个聪明的搜索引擎优化此刻会有一个想法。如果我向这些文章导流，那么就能提升我的网站在搜索结果中的排名。因为我知道我可以用这些页面使流量、分享、用户驻留时间和跳出率的表现良好，于是网站的质量评分升高，网站排名也提升了。网页排名越靠前，那么搜索引擎就会更加推荐网站中的链接。因此，通过提升这些网页的评分，我也提升了自己网页的评分。质量评分越高，则排名越靠前。最终的效果是，所有网页排名一起提升。

从某种程度上来说，这个例子很好地说明了充满创造力的搜索引擎优化如何用所有可用资源获得竞争优势（有关这个例子的简单流程如图 7.1 所示）。并不一定要使用原生广告来达到其本来目的，但是原生广告是一种很有效的方式。

换一个角度来看，如果你置身事外，看看搜索引擎优化利用原生广告所做的事情，就会发现它们在做的不过是利用原生广告将好的内容推荐给相关用户，遵循了"恰当的人、恰当的时间、恰当的地点"这一原则，只是目的不同。大部分营销人员利用原生广告接触用户，而搜索引擎优化是利用原生广告定位目标人群，提升搜索引擎的搜索结果。

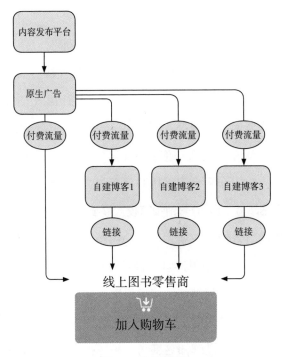

图 7.1　营销案例

联属网络营销

联属网络营销是一个很大的产业。电子商务已经逐渐成为人们日常生活的一部分，成为购买一切商品、服务最普遍的方式。Adobe Insights（市场研究机构）2017 年 1 月发布的数据显示，从 2016 年 11 月 1 日至 12 月 31 日，美国假日季节电子商务消费共计 917 亿美元。[7]这一数据令人震惊，比这更让人惊讶的是，相较于 2015 年的同期数据，电子商务消费增长了 11%。随着电子商务变得无处不在，联盟计划开始盛行。

咨询公司 Forrester 为世界上最大的联属网络公司之一做过一项研究，结果显示联属网络营销市场已经足够成熟，是一个可以帮助任何广告商提升销售量的有利渠道。预计从 2015 年到 2020 年，美国联属网络营销投入将以 10.1% 的复合年增长率增长至 68 亿美元。研究还显示，超过 80% 参与调查的广告商和 84% 参与调查的内容发布平台都采用联属营销方式。此外，超过 80% 的广告商将超过 10% 的营销预算投入联属网络营销中。[8]

联属网络营销是一项大产业。然而，并不是所有的联属网络营销都能够充分利用原生广告所提供的机会。对于它们而言，原生广告只是一个促进整体搜索引擎优化的工具，而并非绩效驱动因素。原生广告总是被当作一个优质品牌工具。原生广告推广非常适合提升品牌知名度。但是，很少有人提到原生广告有助于促进直接反应活动。直接反应活动是指关键绩效指标永远是销售量和销路拓展的推广活动，活动成败取决于是否达成单次营收成本目标。对于联属网络营销而言，目标永远会是利用投资获得可以量化的回报。

这样的成功总是很难实现。但是对这类广告商来说，原生广告是一种有效的方式。原生广告为什么有效呢？因为原生广告的内容很有说服力。在我近期参与的一个女性时尚品牌的宣传推广活动中，品牌获得了 200% 的投资回报率，相应地，每次销售成本减少 42%。原生广告可以促进直接销售。

优质内容，在恰当的时间，分发给恰当的用户，无论借助什么样的设备，都会很有说服力。记住：对的人，对的产品，对的时间。

即使整体宣传推广目标是塑造品牌，原生广告依旧可以带来可观的销量。原生广告为用户带来价值，不那么惹人烦，无论是塑造品牌还是直接销售，都能产生更好的效果。就是这么简单，这就是原生广告有效的原因。

原生广告和公关行业

尽管原生广告已经深受欢迎好多年了，但是公关行业接受原生广告的速度依旧缓慢，这真的让我感到很惊讶。搜索引擎优化行业迅速尝试各种能为其提供先动优势的新工具、新产品，相较而言，公关行业却行动非常缓慢。

公关行业发生了巨大的变化，就像出版行业一样。要知道，公关行业建立的基础主要是在每天发行数量大的出版物上争取到版面。这些出版物有些已经消失，有些逐渐失去影响力。这时，客户希望在电子端获得更多信息，希望公关公司为他们做更多的事。渐渐地，成功的公关活动需要信息流中的曝光度，要在"集体篝火"旁讲故事。

因此，在我看来，很显然公关和原生广告非常契合。首先，公关行业有天然优势。公关行业中会讲故事的人比其他任何媒体行业都多，因为很多公关人员都是以记者为职业起点的。近些年，这一点可能有所改变。越来越多的毕业生都把公关行业作为他们的第一份职业选择，但是公关公司中有资历的前辈们都知道内容的重要性。从编故事、分发故事到以故事为基础的广告宣传推广，这中间的转变很小。

此外，我曾经接触的每个公关团队，他们的内容及内容策略都深受客户信任。他们写过很多非常好的内容，因此客户总是会找公关公司寻求内容反馈，而不是找媒体机构。

公关公司能够理解内容，总会比其他机构更加深入了解客户的产品和服务，因此非常适合生产原生内容，开展以原生内容为基础的营销活动。

公关公司已经准备好以原生模式出让

从表面上来看，对于公关公司来说，向客户推荐原生广告很简单。毕竟大部分公关公司都已经通过脸书上的有偿内容及推特上的推荐内容来运营原生广告。但除此之外几乎没有其他操作。

事实上，为了向英国公关行业强调这件事情，2016 年 1 月 ADYOULIKE 就原生广告问题在公关公司中做了一份调查。结果显示，英国 88% 的参与调查的公关公司认为，原生广告对于公关行业来说是一个机遇；75% 的参与调查的公司认为，为品牌打造原生广告内容，进行原生分发是最好的选择。[9]

自调查结果发布以来，几乎没有什么改变。目前，大部分公关公司采用的唯一原生广告形式就是付费社交媒体。我们的调查显示，63%的公关公司采用付费的方式在推特和脸书上推广广告。

其实，对于公关行业来说，原生广告是一个拥有巨大潜力的工具，因为公关公司可以利用原生广告为客户提供以前难以达到的宣传推广范围和规模。原生广告帮助公关公司更好地实现其想法，深化公关公司与客户的关系。借助原生广告，公关公司可以拓展其为品牌打造的内容，在第一篇社论之外分享它们，无论是在社交媒体还是在优质的内容发布平台上。

在印刷刊物或者国家级报刊上的一篇文章在其他地方就没什么用了，但是一篇优质的线上内容（关于自身的内容或者用户网站的内容）可以通过原生广告分发到其他有着相似目标用户的内容发布平台，增加品牌内容的触及范围和提升内容价值。简而言之，借助付费媒体，原生广告成为一种扩大积极公关范围的好方式。同时，这也是塑造"永远在线"策略的一种很好的方式。"永远在线"策略能激发真正的用户参与，将社交媒体上的品牌活动与公关、展示、内容融汇成一个完整而全面的策略，这样投资回报率也很明确。

当然，这其中也有一些挑战。很多公关公司（和它们的客户）因为原生广告中的"广告"一词而迟疑。它们觉得很难说服客户。

初始公关建议——将与原生广告的接触最大化

关于内容推荐单元，我认为很多初创公司都错过了一个很好的建议——利用内容推荐单元扩大初始公关。让我来解释一下。

很多初创公司常常通过投资启动公关活动。尽管通常只是一段时间，但会获得不同程度的成功。如果是你，你至少可以为你的产品或启动公关做一点好的尝试，我会选择内容推荐宣传推广。它可以帮助你扩大公关范围，触及合适的用户。

例如，一份中端市场中西部的报纸对一位在重要政策辩论中支持其客户立场的专家进行采访。擅长公共关系、公共事务、市场营销、付费媒体、跨媒体、社交内容的国际知名公关公司福莱国际，利用内容推荐引擎 Outbrain 向采访引流。结果该公司在这一过程中拥有了额外的收获。《赫芬顿邮报》的一位编辑看到这篇采访，在福莱国际开始利用 Outbrain 进行宣传推广不久后就报道了这件事。

这仅仅是一个例子，说明了如何利用内容及原生广告来拓宽市场营销，达成商业目标。

模糊的界限

一些通信及公共行业的专业人士对于编辑内容和原生广告之间"模糊的界限"表示担忧。新闻工作和公关行业之间的模糊界限存在已久。我们在报道中看到的很多内容都不是新闻，而是"通稿"，即市场营销人员根据新闻内容编辑发布的营销稿件。缺乏资金又没有时间的内容发布平台或出版方并不会查验稿件中的内容是否属实。作为消费者，相比那些伪装成公正报道的几乎与营销稿一字不差的内容，明确标注为"广告"但同时信息丰富的内容，我读起来更放心。你觉得呢？

事实上，数字革命已经将代理机构的责任模糊化了：媒体用户制作内容，公关机构向媒体付费。这样的情况不会改变。公关行业需要适应这种现状。

对于公关行业来说，原生广告为其品牌预算提供了一种全新的方式，同时也提供了一种在数字环境中展示其创意的新方式，这种数字环境和它们已知的媒体环境很不一样。

因此，如果你在公关行业中工作，那么恭喜你，读到本书就意味着你已经发现了新机遇。

谁可以得益于总结

和其他广告形式一样，原生广告成功的关键是进行试验。

原生广告有多种方式可供你进行试验，不会耗尽资源。从大品牌到小公司，总有适合你的原生广告产品。遵从本书中接下来给出的建议，找到合适的原生广告供应商，去尝试、学习，找到适合你的方式。原生广告是一个非常有价值的投资机会。如果你不好好利用，那么你的竞争对手一定会好好利用。

第八章 测评：原生广告有效果吗？

本章主要讲原生广告的效果。我们将展示一些原生广告案例及其产生的效果，了解用什么样的工具和什么样的方式衡量原生广告的效果。同时，我们也会探讨关于内容广告效果测评的争论。我们会看到相关领域专家的意见，并提出问题：我们需要为原生广告制定一套全新的衡量标准吗？

迈向成功的第一步

为了成功运用原生广告，你首先要知道"成功"是什么样的。用什么样的标准来衡量你的原生广告是否成功？

对于大部分原生广告营销活动来说，关键绩效指标通常指以下几点，我们来仔细看一下。

- 浏览量。无论正确与否，对于很多广告商来说，衡量原生广告营销活动是否成功的首要标准就是"这个营销活动为我的网站带来了多少浏览量"。

- 驻留时间和跳出率。这两个关键绩效指标通常和浏览量一起作为衡量广告是否成功的标准。驻留时间是指访客在某个页面上停留的时间，因此可以作为一个粗略的指标，衡量访客是否真正阅读了且喜欢网页上的内容。跳出率是一个关键的搜索标准，表明用户在访问网页后做了什么：是点击返回还是关闭了窗口，或者网页激发了用户的兴趣，他们继续访问网站其他页面。这两个指标都是用来衡量内容及网站的黏性的，表明访客是否对网页中的内容有兴趣。

- 点击率。这是一个常见的衡量指标，是基于广告获得的点击量。

- 参与度。这是一个和驻留时间相似的关键绩效指标，但是二者衡量的过程完全不一样。驻留时间通常是采用谷歌分析衡量用户在广告商网站的停留时间，而参与度是由内容发布平台、原生广告科技平台或者其他第三方广告跟踪机构来衡量的。参与度是什么意思呢？参与度指"参与"内容的时间长度。可以指某人浏览 BuzzFeed、Mashable、视频网站 LADbible 等所用的平均时间，也可以指用户观看通过 Sharethrough、TripleLift、ADYOULIKE 等信息流分发技术平台在多种优质内容发布平台上发布的品牌视频所用的时间。

- 分享和点赞。对于很多广告商来说，原生广告是一种用于产生内容分享、增加网页点赞量的方式，特别是对于社交媒体广告来说，但也不仅限于这种广告。很多广告商采用社交媒体广告是希望内容获得尽可能多的分享，期待分享转化成用户对于其社交媒体形象的喜爱，吸引更多人访问其网站。但是分享最终相当于拓展了品牌市场信息，扩大了目标消费人群。

- 销售量和销售线索。尽管像参与率、浏览量等"软"标准是衡量原生广告成功与否的常用标准，但原生广告也逐渐成为一种直接反馈结果的营销渠道。对于这些广告商来说，成功很容易量化：营销活动是否带来了销售线索？原生广告是否带来了销量？精明的广告商越来越多地将原生广告和其他数字广告形式结合，以期望产生更好的销售结果。结合数据、重新定位、网站访问信息记录程序、归因分析模型，原生广告逐渐成为现代销售线索营销组合的一部分。

内容发布平台对于原生广告关键业绩指标的看法
由用户及品牌管理部主管科利亚·克莱斯特撰稿

　　布尔达先锋是德国最好的内容发布平台之一，旗下拥有德国最大的新闻发布平台（www.focus.de）和最大的数字生活网站（chip.de）。

布尔达先锋一般以浏览量、驻留时间、参与度、分享量衡量关键绩效指标。但是也会追踪更多信息，比如访问深度。采用什么样的衡量标准取决于对客户来说什么最重要。我们为用户提供带有"可跳转链接"的实时监控板。我们希望努力弄清楚用户访问网站的不同阶段（意识、考虑、行动）与不同的关键绩效指标的相关性。在未来，非常重要的一点是，要了解清楚如何将原生广告和传统的展示广告、视频广告的效果做比较。对于媒体机构和客户来说，这一点很难衡量。

虽然还有很多其他关键绩效指标，但上述指标是目前广告商和内容发布平台广泛使用的衡量标准。例如，英国《金融时报》尝试以每小时访问时间（和驻留时间相似）为标准向广告商进行销售。很多广告商有自己的衡量标准，他们的标准基于复杂的性能数据、广告印象、点击量、销售量、购买意向等，不仅用于原生广告分析，而且用于所有数字市场营销活动。但是，原生广告市场目前主要基于上述关键绩效指标。

在发起一次原生广告营销活动之前，一定要问问自己：你需要的成功效果是什么样子的？如果社交分享对于你的业务来说毫无意义，或者你最想要的就是提升网站浏览量，那么这将决定你最终选择什么类型的原生广告。要先想清楚，再选择原生广告产品,顺序切莫颠倒。

追踪广告商的宣传效果

数字广告最大的优势就是一切都可以追踪。它可以追踪所有对广告的点击和广告印象,细化到谁在哪里推广什么广告。你可以获得大量数据,数据甚至多到你都不知道该如何利用。

如果你希望了解广告效果如何,追踪是关键。例如,你同时和两个、三个或者四个不同的广告商合作推广同一项活动,如果不单独追踪,如何才能知道哪个表现最好?

对于不同内容的宣传推广也是如此。如果不进行追踪,那么就会失去大量数据和信息。这些数据和信息不仅可以减少广告支出的浪费,而且可以极大提升广告效果,而广告效果有助于提升收入。所以,不仅是原生广告,采用任何数字广告都需要先想清楚你希望追踪什么数据。

追踪原生广告效果

追踪原生广告效果的方式有很多。有很多精准的第三方工具可以用于追踪数字广告数据。这样,你就可以创建一些标签,这些标签可以作为第三方验证输入,并提供给你的原生广告合作伙伴,以确保你的原生广告的投放数量与方式正确。如果你要在数字广告上投入大量资金，我建议你仔细研究一下这种追踪广告数据的平台及其定价模式，因为缺乏良好的数据追踪配置容易导致广告效果不佳。可以研究一下 DoubleClick、Sizmek、Atlas 这三家互联网广告服务公司。

利用谷歌分析测评原生广告

很多中小型企业，以及仅仅以网站浏览量及访客互动时间为衡量标准的公司，通常根据谷歌分析工具衡量广告效果。

在这里我们就不详细介绍谷歌分析了，这是全球大部分内容发布平台在分析网站浏览量、流量来源、驻留时间等数据时默认使用的分析工具。谷歌分析决定着一条内容是否比另一条更成功。它可以监测分享量、网页驻留时间、跳出率、网站访问者的地理位置、访问者使用的设备及操作系统等非常多的信息。

很多进行原生广告宣传推广的内容发布平台及广告商通常依靠 UTM 链接。UTM 是 Urchin Tracking Module 的缩写，是一种追踪模块，来自软件公司 Urchin。这家公司已于 2005 年被谷歌收购。UTM 是谷歌分析的重要组成部分。基本上，内容发布平台及广告商甚至你自己，都可以将 UTM 代码，也就是一串额外的文本信息，加入网站链接，为谷歌分析提供一些关于链接的信息。一个代码样本如下：utm_source=adyoulike&utm_medium=native&utm_campaign=sale。

UTM 代码可以帮助你更容易地拆分、识别流量来源。它可以帮助你：

- 了解网站流量来自哪里：source（来源）=adyoulike；
- 了解什么产品带来流量：medium（媒介）=native（原生）；
- 了解哪个营销活动带来流量：campaign（活动）=sale（销售）。

然后，就可以将流量表现拆分得更细致。因此，可以分析、对比每个合作方的表现，广告商、内容发布平台或者社交媒体网站都一样。

利用谷歌分析衡量广告表现的问题

谷歌分析是一个非常棒且精确的工具，每天有数百万内容发布平台的专业人士使用这个平台进行数据分析，我自己也常常使用。这个工具非常好，正如我们对谷歌产品所期待的一样。但是，用谷歌分析来监测数字广告的效果，特别是监测原生广告对于内容推广的效果，仍存在一些重要问题。为什么这么说？因为目前很多广告商并没有采用正确的方法利用谷歌分析来衡量广告效果。

大部分内容营销者只是在利用谷歌分析监测浏览量、驻留时间、跳出率。但是如果将谷歌分析视为来源访问计数，也就是通过谷歌分析了解访问来自哪里，你就会发现数据差异。在技术细节并没有问题的情况下，主要问题就在于报告方法。

互联网广告服务公司 DoubleClick 建议用户不要试图将谷歌分析的数据和广告服务器 DoubleClick for Publishers（DFP）的报告进行协调。澳大利亚的广告设计博客 Designalicious.com 解释了原因。

DoubleClick 和谷歌分析之间有差异，是因为两份报告在方法上存在明显不同。DoubleClick 数据基于广告服务器记录，而谷歌分析数据基于信息记录程序和页面加载，因此 DoubleClick 反映的广告曝光情况比谷歌分析更准确。[1]

谷歌分析和广告服务器之间产生差异的原因如下。

- 计数方法不同（基于服务器计数，以及基于信息记录程序和页面加载计数）；
- 计数内容不同：广告商的点击量和分析包中的曝光量不是一回事。

将来源网站链接和广告商的点击量进行对比并非明智之举，因为谷歌分析中的来源并不是精确的点击量或者登录量。原因如下：

- 大部分浏览器禁用来源链接；
- 互联网安全应用会阻拦来源数据；
- 防火墙和代理服务器可以过滤出来源链接；

- 用户可以设置虚假来源，以阻止网站获得他们的浏览信息；
- 取决于广告类型（富媒体、标准图片等）以及网页上的广告标记［内嵌框架（iFrame）、JavaScript、标准 HTML（超文本标记语言）等］，来源链接可以轻易地从广告流来源变为 DoubleClick 或者"你的网站"。

内嵌框架

很多内容发布平台通过内嵌框架发布广告。内嵌框架本质上是一种在一个网页内展示另一个网页的方式。在很多情况下，内容发布平台青睐内嵌框架，是因为通过内嵌框架能够更好地掌控广告商代码。很多原生广告配置都是通过内嵌框架实现的。这是常见的整合广告、服务广告的方式。但是这种方式和谷歌分析存在矛盾。

在很多设备和浏览器中，来源网站链接并不是由内嵌框架提供的，用户来源通常是"空白"。在这样的情况下，例如，用户如果通过点击内嵌框架广告进入登录页面，就会被视为直接在浏览器中输入网站地址，谷歌分析不会将这个用户记录为来自另一个网站或来源。因此，在分析中也不会显示你的合作伙伴或者流量来源。

此外，很多通过内容框架导流的浏览器会阻止第三方信息记录程序。这些浏览器会阻止谷歌分析的信息记录程序，因此谷歌分析无法记录来源。[2]

为什么谷歌分析如此重要？

主要有以下几个原因。最开始，用来判断原生广告宣传推广活动是否成功的数据并不准确。平台数据并不是为了衡量宣传推广活动表现而设计的，因此根据平台数据衡量活动的宣传推广表现并不准确。这可能会损害原生广告的声誉，就像在选举中明明漏掉了一大部分选票却依然宣布获胜者一样，或者就像在选举中有一半选民不知道选举日期，并且在投票结束后一大部分选票都没有计数一样。这是一个关于数据的噩梦。

此外，这也是一件代价极高的事情：对于你，对于品牌，对于每个人来说都是。如果采用错误的数据和工具，如何才能知道广告是否有效果呢？因为数据传递了错误信息，你可能就失去了一个非常棒的市场渠道。如果这是你和你的公司现在面临的情况，回顾一下你正在做的事情和什么对成功有帮助。

应该用什么来衡量原生广告？

当然，对于原生广告的效果，有很多因素在起作用，其中一点是原生广告的核心。我们衡量的是什么？很多内容营销者采用原生广告，通过谷歌分析衡量原生广告是否成功。对于他们中的很多人来说，数据是否准确并不重要，谷歌分析显示什么就是什么，这就是他们关心的全部内容。但是对于采用原生广告的传统展示广告商而言，他们首先考虑的并不是谷歌分析的表现。他们更关心提升品牌效应、购买意向、销售量和销售线索。同样地，很多广告商也把社交媒体上的内容分享量作为评判标准。

衡量广告效果并没有万全的方法。同样，这也印证了原生广告"无所不能，适用于所有人"。不同的宣传推广活动中有不同的衡量标准。但是，应该是这样吗？

原生广告需要一个全新的衡量标准吗？

不同品牌和不同内容发布平台似乎都在采用不同的衡量标准。什么是成功的原生广告宣传推广活动呢？现在还没有一致的衡量标准。但是，采用一个广泛适用的标准也存在风险。原生广告的独特之处在于其与标准广告模式不同，因此也很难有一个广泛使用的衡量标准。

衡量内容效果

第一挑战是内容本身。衡量内容及原生广告的一大挑战是，内容在整个销售循环中都起着作用。所以，根据一个单一的标准，比如销售线索、点击率来衡量内容可能存在问题。产生销售线索的内容可能无法维持已有用户的参与意愿，反之亦然。

除此之外，更难的地方在于原生广告涉及很多形式——长篇或简短的文字编辑内容（一些在内容发布平台上，一些在其他的地方）、图片、视频，这些都需要不同的衡量标准。

难怪原生广告的销售方式多种多样。内容发布平台曾经试图以固定价格租赁的方式来销售内容及原生广告，但是这种方式似乎逐渐转变成每千人成本、每次点击成本、每次互动成本模式，也就是从传统印刷出版定价模式转变成数字显示和视频广告的定价模式。这些是最适合衡量原生广告的方式吗？

目前的情况是，不同的广告销售方式造成大家把点击量和曝光量的多少当作衡量广告是否成功的默认方式，因为点击量和曝光量可以带来实际价值。我们距离建立统一的内容交易通货还有一段距离。

衡量内容及原生广告效果的挑战
由英国互联网广告局前行业项目主管克莱尔·奥布莱恩撰稿

原生广告和基于内容的广告解决方案为这个行业带来了一个复杂的挑战。如何才能建立一个持续有效的衡量体系来支持数字交易环境，并有效测评广告宣传推广效果呢?

　　尽管交易结构复杂，数字广告评估相对简单，但通过综合考量曝光量、点击量、浏览量就可以进行评估。这个生态系统本质上基于触达数据（可以看见的曝光量或者广告能见概率，每千人成本），或者内容发布平台通过点击量、浏览量、销量或者销售机会来获得回报。通常，点击量、浏览量甚至社交媒体点赞数等都被用来衡量营销活动的效果。点击就等于参与，或者至少以前大家是都这样认为的。

　　因此，这样粗略的工具，这种不恰当的框架无法衡量内容发布平台与广告商合作关系的价值，也无法衡量它们创造的品牌内容和原生广告的价值。同样，这样的衡量方式也没有考虑到背景和环境，没有考虑到关注度、创意影响，更无法衡量用户的情感反应，无法追踪用户的品牌倾向、购买倾向的变化。更为关键的是，这样的方式无法衡量用户对于内容发布平台的信任，也就是媒体平台自身的影响力。

　　目前，媒体机构、内容发布平台、品牌机构也在着手解决这个问题。它们确实在采取行动。在 2017 年初，如何衡量广告效果仍是这一行业中最大的挑战。在这个生态系统中，各方的利益诉求不同。达成行业共识很可能会成为内容及原生广告衡量体系持续发展过程中一项需要长期推进的活动。这样一个共识可以让大家对什么是广告商或内容发布平台合作，这样的合作包括什么，如何对原生广告单元的规模化分发进行价值评估等有一致的理解。同时，也为广告商提供了可预见的回报。

各方讨论的核心是"内容"，广义来说包括创意广告和媒介（人们想参与，也就是想浏览或者阅读的东西）。和传统媒体不同，数字媒体是可以衡量的。人们普遍认为可以建立一个标准，来衡量"影响行为"的创意信息的效果以及媒体把信息传递给用户的效果。这或许可行，但是建立一个在算法上可行的衡量标准或者交易单位需要整个行业生态系统接受一致的衡量标准。这个衡量标准不仅仅包括目前的触及范围、频率，还包括更多内容。

一些人提到"上帝标准"，也就是使用于媒体交易、宣传推广活动结果评估、流程优化的一个单一算法。从某种程度上来说，这是在逃避实际问题：我们如何理解自己所衡量的数据？如何利用我们手中的数字工具以可靠、持续的方式洞察用户以及被发展的新用户在各个阶段的情况？

"内容"和"原生"产出形式多种多样，并且越来越多的输出信息被定义为"内容"，这加剧了制定统一标准的难度。例如，采用视频、音频、文本、动画图形的新闻技术就是内容。购买按钮、超链接、XLM（可扩展标记语言）

支持的关系注册以及人们对这些的反应，也都是内容。且不说一场宣传推广活动是处于漏斗的顶端还是底端，内容类型的大杂烩可能在消费者参与品牌活动的过程中产生了不同的作用，需要得到广泛的理解，因此对于衡量用户参与以及影响效果的方法来说也是如此。

2016 年 6 月，英国互联网广告局内容及原生广告委员会发布了《衡量标准绿皮书》。[3] 此文件的目的是推动行业围绕一致主题进行对话。它并没有给出解决问题的方法，而是具体地讨论了挑战的影响。要考虑清楚你在对话沟通中的角色，这是一条非常有用的建议。16 家公司贡献了自己的立场、案例研究、观点、意见、学习研究以及尝试方向，其中很多观点已经得到解决。

如果说那份绿皮书有任何结论，那就是还有很多工作要做，而且不仅仅是品牌方，各方都要有参与意愿，所有数据开放、透明，达成一致的算法标准和技术。大家所达成的共识是：目前的数字交易标准只是一部分解决方法，并且在建立算法衡量用户行为之前要投入更多，去了解用户对于内容及原生广告的反应。

结论

采用新的衡量标准最大的挑战就是，内容发布平台和广告商最关心的数据始终是点击量和曝光量。在本章内容中我们强调了关于原生广告的衡量标准是什么，对此的争论非常多。有很多意见可供选择，从传统的浏览量和点击量到分享量、驻留时间、跳出率、推荐情况等衡量参与度的标准。

原生广告应该采用电视模式的范围和频率，还是应该为其建立一个新的"关联度量标准"，结合上述所有元素——浏览量、点击量、参与率和触及范围，成为一个普遍适用的标准呢？当然，这样也存在问题：到底如何定义、衡量一个数字关系？

如何突破困难，找到方法？这是一个巨大的挑战。但是在不久的将来这一问题会在行业中得到解决。原生广告已经打破了数字广告原本的规范，毋庸置疑，它也将继续突破，为数字广告行业带来新的买卖、衡量标准。建立标准是一项真正的挑战。

案例研究

品牌内容：《卫报》和联合利华

2014年，联合利华制订了充满雄心壮志的阳光计划，想要在业务规模翻一番的同时减少生态足迹，带来更加积极的社会影响。[4]

在与联合利华的开拓性合作中，《卫报》发起了"让生活更美好"的挑战，也就是"向所有人发起号召，鼓励人们采取可持续的生活方式。简单来说就是鼓励人们生活得更好"。

在联合利华阳光计划的赞助下，《卫报》成立了一个全新的社区主导部门，向大家展示可持续的生活方式"非常简单"。《卫报》及其内容工作室——《卫报》实验室每月展示"让生活更美好"的挑战，其中主要内容来自像佐薇·威廉斯这样的《卫报》记者。此外，他们还制作了26集系列纪录片，记录全英国范围内的社区主导项目。关于联合利华13个品牌的系列品牌故事，也在纸媒和数字媒体端进行传播。这些品牌故事以品牌为故事核心，但是确保故事和整体宣传推广计划保持一致。标题包括："牛头牌：让芥末可持续利用""联合利华：使清洁以及可持续的生活方式融入日常生活"。

还有一些活动包括为可持续生活方式课程计划提供书籍，发给《卫报》教师网络中的252 000名英国教师。

结果

- 《卫报》网站触及860万名用户（超过300万名独立用户）；

- 446 000位参与者——评论、分享、视频播放、挑战签名；

- 990 万次社交传播，16 000 条推特文章；
- 联合利华品牌信任度提升 261%；
- 相较于宣传推广前，品牌话题量提升 37%；
- 联合利华阳光计划知名度提升 40%。

除了品牌提升之外，此次宣传推广活动也避免了 10 吨食物的浪费，鼓励数百万人采取实际行动，获得持续改变。

为什么有效？

将想法付诸实践，这是一个非常好的例子。这个宣传推广活动获得成功有很多原因，但是最关键的原因是，这个想法非常符合目标用户的观念。《卫报》用户非常可能支持这个活动。这个活动获得成功是因为所有机构都认同这个活动，新闻编辑部、专栏作家、特写作家都在其中发挥了作用，关键是品牌也对这个活动完全认同。很显然联合利华相信《卫报》会竭尽全力，利用相关内容使用户参与其中，支持这项活动。20 年前，这样的活动可能只是通过发布几篇社论式广告来宣传，而如今，宣传推广活动从各种层面进行，超出了内容发布平台本身的环境。这是一个非常好的案例，展示了品牌、内容发布平台如何及何时联合。品牌和内容发布平台可以联合创造出超越商业目的的品牌内容解决方案，带来非同凡响的内容，在现实生活中创造价值，带来巨大改变。

第三部分

运营原生广告的实际操作指南

第九章　开始原生广告

　　既然了解了数字广告市场和原生广告的主要类型，以及各种原生广告在数字广告营销中发挥的作用，是时候迈出第一步，自己设计一场原生广告宣传推广活动了。如何开展宣传推广活动？和谁合作？是需要广告代理还是自己直接来做？你的预算是多少？这些将会受到内部配置的影响。

你有什么资源？

　　既然知道了什么是成功的原生广告，那么是时候了解一下如何实现这样的成功了。首先要看的是已有内容资源。不同公司的内容资源不同。如果你的公司已经开始进行内容营销，那么你可能觉得有很多非常好的内容值得用原生广告进行宣传推广。如果你的公司没有进行过内容营销，那么你会觉得没有什么内容。几乎对于所有公司来说，实际情况都介于这两种情况之间。

如果你有名副其实的内容生产线，每天在博客和社交媒体上进行更新，那么你会面临眼花缭乱的选择。但是在完成预算之前，还有一些问题需要考虑。

想付费推广这些内容吗？

某个内容或许对于博客或者网站来说很好，但是你真的想在数字端推广它吗？是否有一点冒险，不合适，无趣？例如，要通过枯燥乏味的博客内容让大家了解新产品发布吗？如果你有所疑虑，那么答案就是不。

内容是否足够优质，值得花钱进行推广？

这和上面的问题有一点不同。例如，可能是公司内部人员撰写和发布的比较好、比较有意思的博客。它是一篇好的博客文章，但是太过简短，缺少额外的研究。你觉得它符合高质量网站上稿件的标准吗？如果回答是否定的，那么你还应该按照原来的样子进行付费推广吗？

内容与整体营销信息一致吗？

最终，你看到去年电视广告的 10 秒剪辑片段。广告制作精良，贴合主题，而且还因其创意而获奖。你知道它作为原生广告进行宣传推广非常合适。但是还有一个问题：这条广告中的品牌信息已经过时三个月了。你知道这很快就会被升级、改变。你该怎么做？你知道应该怎么做：不能因为优质内容而混淆品牌信息。记住，你推广的内容要和品牌信息保持一致，否则再好的内容也会失败。

价值交换有益于用户吗？

如果仅仅是为了内容而制作内容，仅仅是为了分发而分发，那么你所做的事情可能会适得其反。正如我们在前面章节中讲过的，你生产的内容应该为目标用户提供价值。如果生产的是垃圾内容，就不能怪用户不喜欢。

内容配置能否将你想达到的关键绩效指标最大化？

这是一个很关键的问题。我看到很多客户一次又一次出现这个问题。他们无法恰当地优化内容，达到理想关键绩效指标。很多时候这是因为用户不知道成功的宣传推广活动应该是什么样子的。

以驻留时间和跳出率为例。内容分发者总是会收到这样的推广页面：页面上的推广内容非常单薄，没有明显号召用户采取行动，没有相关链接，也没有引导用户访问其网站的内容。当宣传推广活动无法达到客户期望的驻留时间以及跳出率等关键绩效指标时，就认为是原生广告的失败。但实际情况是，客户没有优化内容和网站，才导致了失败。我们可以把马领到水槽前，却不能强迫马喝水。

你的内容为信息流做好准备了吗?

原生广告平台最棘手的问题之一就是，网络和内容发布者一直都在担心可用资源。通常，涉及大品牌时，用于分发的资源都是从非数字创意内容中传下来的。这到底是什么意思呢？例如，将电视广告用于信息流原生或者社交媒体。内容通常没有经过充分规划，无法在原生平台上大放异彩。这几乎从一开始就注定效果不佳。

媒体代理机构竞立媒体（MediaCom）认识到了数字创意资产的问题。为了解决这个问题，它推出了一项名为"Feed Ready"（准备好信息流）的新服务。这项服务由竞立媒体的超越广告创意团队提供，他们会根据平台要求、数据洞察以及用户对内容的期望来优化内容。

例如，服务可能包括为视频添加字幕来吸引在信息流中静音观看视频的用户，或者将视频剪辑成不同长度，来适应不同的环境。

竞立媒体认为，为原生广告商提供适合其平台的内容，可以很轻松地延长用户的浏览时间。例如，脸书上恰当视频内容的浏览时间可以从 6 秒提升到 10 秒。这可以量化为品牌回忆提升 4 倍，购买意向提升 3 倍。基本上来说，浏览时间增加 4 秒，媒体价值就会提升 40%。[1]

现有内容在自然发展状态下的表现

在投入资金到现有内容资源之前，应该先考察这些内容在媒体投入之前的表现。例如，你在运营一家减肥网站，想通过原生广告推广两篇相似的博客文章。第一篇是《今年流行的 51 种减肥方法》，第二篇是《使减肥更容易的小建议》。你知道两篇文章的内容非常相似，那么这两篇文章都会获得很好的效果，不是吗？可能是这样。但是在你决定利用原生广告推广这两篇文章之前，你决定进行内部数据测试。你将两篇文章分享到脸书上。

看到统计数据后你感到非常惊讶:《今年流行的 51 种减肥方法》的浏览量、点赞量、分享量是《使减肥更容易的小建议》的 5 倍。谷歌分析的结果也类似。那么，你应该用哪篇文章呢？表面上看起来相似的两篇文章，当深入了解数据后，通常你会发现有很大的区别。

最重要的窍门：要看现有内容的受欢迎程度和在自然发展状态下（没有付费媒体支持的情况下）的表现来预测增加付费媒体支持后这个内容是否会产生共鸣。没有付费媒体支持的受欢迎的内容，在付费原生广告的支持下会表现得更好。

这并不是说就不需要尝试不同类型的内容了。当然，通常所有现有内容都需要"更新"，需要优化标题和描述来吸引原生广告用户。

没有资源就没办法进行原生广告宣传推广

我不相信。任何商业团体，无论是独立画家、设计师，还是本地会计师事务所，或者科技创业公司、跨国品牌，都拥有可以在原生广告宣传推广中获得成功的内容资源。即使你是屠夫、面包师、烛台制作者、修补匠、裁缝、军人或者间谍，你也有机会。如果你的公司（或者可能是客户）从来没有制作过任何内容，甚至没有公司网站，完全不知道社交媒体，也仍然可以进行原生广告宣传推广。怎么做呢？业务都是建立在人的基础上，不能脱离人而存在，有人的地方就有故事。正如我前面讲过的一样，原生广告成功的关键是好故事。当然，故事需要根据你的品牌进行，你要把故事卖给利益相关者，这就是你所需要的全部资源。

像原生广告商一样思考

我们以独立画家、设计师为例。我们就叫他本。本在许多年前在当地开展业务，他对如何经营业务有所了解——为用户提供优质服务，合理配置人员，按时缴纳税款。本对自己的专业技能非常自信，对自己和客户之间的关系感到骄傲。本见证、纠正过很多DIY（自己动手制作）问题，修复过很多当地的文化遗址。本知道从来不见阳光的房间应该涂什么颜色，他知道爱彼迎是一个很好的工具，可以帮助那些希望改变内部装修的人获得启发。你可以从本那里获得很多信息，不是通过冗长、复杂的"编辑概述文件"或者他的长博客，而是可以和他坐在一起喝5分钟咖啡。

通过上述内容，你看出了什么？如果你只看到了空洞的事实，那么你不会成为一个好的原生广告商。我从中看到了内容营销机会。我看到了很多故事。很多故事角度跃入我的脑海，只要把它变成本的原生广告概要，就可以做成一场原生广告宣传推广活动。例如，我们可以在当地媒体发一些原生内容，告诉人们小型企业面临的挑战，并给出退税建议。我们可以在脸书上发布系列文章，例如《10个常见装修问题及解决方法》。如果本的预算允许，还可以和《好管家》、《标准晚报》网站的房产家居板块等全国性平台合作，提供爱彼迎装修建议。品牌内容记者可以采访本，我们可以把采访扩充为一个长视频访问，记录本如何利用爱彼迎的室内装饰进行选择，向观众强调他们也可以在自己家中打造出同样的效果，指导他们应该选择什么样的颜色。很多可能性都是来自这一个故事。

所以，不要相信任何人说你没有可以进行原生广告宣传推广的资源，你自己也不要这样想。你一定有。你可能只是需要和广告代理机构、平台及专业营销人员合作，找出你所有拥有的这些资源。行业中所有专业人士都可以帮助你制定内容策略，进行内容创意。但是在雇用任何人之前，你都要先进行思考。花一点时间想一想你的目标，想一想如何为用户的生活带来价值，然后和同事、朋友、家人坐在一起讨论，想一想你要讲什么样的故事。

头脑风暴：坏想法的力量

在创业公司成立初期，我和我的合作伙伴弗朗西斯·特纳常常会给团队成员讲一个故事。如今多年过去了，这个故事仍让我觉得尴尬。但是，我觉得这个故事非常值得分享，它告诉我们不要在进行头脑风暴时直接否定任何想法。

我们的创业项目进行到了第四个月。在与一个顶级品牌同时也是潜在的客户进行了数月的沟通之后，我们终于得到了机会，进行面对面会议。那时，这对我们来说很可能是一笔大生意。那是一个英国顶级零售品牌，家喻户晓。那时，我们的其他客户还都是创业公司或者没人听说过的中小型企业。我们想，如果获得这个客户，我们就能在市场上获得赞誉，就能敲开更多大品牌的门，而且完全是凭借自己的力量。

会议那天很快就到了。我们放手一搏。我们的展示平台看起来不错。弗朗西斯作为新业务的负责人进行了展示，他详细地讲述了我们的平台和提议。看起来每个人都对他的展示印象深刻。然后，我们谈论到创意想法。我们申请这个项目时，并没有进行概要。客户知道他们需要"内容"，但并不是非常明确需要怎样的内容。作为团队中的"内容担当"，我该出场了。

如果我没记错的话，一开始，我围绕着标准内容博客提出了一些想法和建议。接下来，当我开始进行头脑风暴时，情况便开始偏离我们的预想。我不记得具体是什么问题导致了这个情况，只记得客户团队中一位资深成员问了我一个问题：对于一款从未有过的厨房炉灶，我们应该做些什么？所有人的目光都集中在了我的身上，大家都充满期待。我能感觉到弗朗西斯希望我使出浑身解数，让客户为我的想法而倾倒。

我不假思索地回答："性感厨房。"

大家没有任何反应。我随心所欲地就这个主题说了很多，解释这个有些奇怪的主题的真正意思——"你的厨房如何代表你的性生活"。我谈到调查显示很多夫妻在厨房中做爱，还聊了一些明星厨房秘事，关于如何把厨房变成性感的地方的信息图表，以及单身人士、已婚人士、离婚人士应该选择什么颜色的瓷砖！我滔滔不绝地说着这些奇怪的想法。

会议结束，我们离开的时候，我觉得我简直就是搬起石头砸了自己的脚。更糟糕的是，我也砸了弗朗西斯的脚。

现在，提起这件事我们都会付之一笑。但是，当时我为自己说出了这个糟糕的想法而感到非常自责。我觉得自己辜负了弗朗西斯的努力，他帮我们争取到了机会，还进行了精彩的展示，而我却搞砸了一切。

接下来的两周，我们都没有收到品牌的消息。对于一个创业公司来说，这简直比 6 个月还长（但是对于大品牌来说，是一个即刻反应）。收到回信时，我们非常惊讶。他们想与我们合作。

获得这个合作机会让我们感到欣喜若狂。他们的反馈是，他们喜欢我们与众不同的想法、方式和创意。我们从来没有进行过"性感厨房"项目，但是在接下来的 3 年中，我们一直和这个品牌合作。这不仅扩大了我们自己的业务，而且增强了他们的数字营销。这一切都是基于一个"坏想法"。

自那以后，我有过非常多的"坏想法"。可能每周我都会提出十来个想法。我非常喜欢和同事们分享我的想法，也会鼓励大家分享自己的想法，无论好坏，都可以。有时，我们想出绝佳的创意；有时，我们只是一笑而过。在数字媒体领域，学会自嘲是一件好事。

关键是如果没有任何想法，无论好坏，我们就没办法与其他人区别开来。如果没有创意，就没有理由进行任何测试。因此，不要立刻否定任何怪异的想法。

那么，你的"坏想法"是什么？不可能比"性感厨房"这个想法更糟糕了。

需要做一些完全不同的事情吗？

无论你是否拥有很多可用于原生广告的资源，或者你觉得自己任何资源都没有，你都应该问问自己这个问题："我应该做一些完全不同的事情吗？"这是一个很好的问题，它代表你开始带着创意来思考你面临的原生广告选择。关于"完全不同"的事情是什么样子，确实需要加以约束。无论是什么样子都需要符合品牌整体的调性。在这里，"完全不同"应该是指满足某项宣传推广关键绩效指标要求的方法。

移动的力量

在本书中，我们介绍了作为营销人员需要知道的关于原生广告的一切内容。我们也介绍了原生广告如何发展壮大，原生广告一定会成为一种重要的数字广告模式。原因之一就是原生广告与移动的合作。在前面章节中，我已经说过这个原因，但是在这里我还要重复一遍，因为这是影响原生广告进行宣传推广的重要因素。你要记住，相较其他数字广告而言，原生广告更是一种移动先行的广告形式。

这是什么意思呢？这意味着大部分用户将通过智能手机与你的广告进行互动，而不是通过笔记本电脑或者台式电脑。当然，你可以进行调整，使原生广告仅适用移动端、平板电脑端或者台式电脑端，但是这样做会疏远一部分用户。

因此，在思考原生广告宣传推广的过程中，一定要建立移动优先的观念。

在移动设备上如何阅读内容？

我们还没有完全了解如何消费、吸收在移动端阅读到的内容。科技飞速发展，通过手机阅读大量东西的概念也逐渐深入人心。15 年前，我们大部分人只是通过手机阅读短信和一些电子邮件。时间快进到现在，大部分人直接在手机上浏览大量内容——博客文章、新闻资讯、电子邮件、社交媒体内容、评论、聊天信息，甚至是完整的书籍。阅读纸质内容和通过电脑、平板设备阅读究竟有什么区别，仍需要我们深入研究。

除屏幕大小之外，影响智能手机能力的因素还有用户使用手机的时间。手机和台式电脑、笔记本电脑不同，几乎可以在任何地方使用。这也意味着当你用手机进行阅读的时候，很容易被打断。可能火车到站了；可能同伴问了你一个问题；或者更加常见的情况是被手机自身打断，因为你收到了 WhatsApp（通信应用程序）的信息、脸书点赞、推特提醒或者一封邮件。因此，用手机进行阅读时你的专注"能力"和使用电脑时非常不一样。到处都有让人分心的事。

因此，我们可以推测，在移动端少即是多。从我们自己使用智能手机的经历中，就能体会到这一点，不是吗？更利于阅读的较短形式的内容总是更能满足人的需求。但是，这真的正确吗？移动设备真的损害了人们的阅读能力吗？阿尔伯塔大学 2010 年的一项研究表明确实是这样。这项研究发现，和更大的电脑屏幕相比，在移动端屏幕上呈现内容会损害人们的理解能力。[2] 究竟为什么会这样呢？

研究解释，原因在于我们的思考流程。由于手机用户的阅读屏幕更小，一次看到的内容更少，他们在阅读的时候更加需要依靠记忆来获得信息。或者简而言之，通过手机阅读的用户在阅读的过程中需要更多地用到记忆力，因为屏幕较小。

但是，6 年之后，也就是 2016 年 12 月发布的一项研究结论却不同。尼尔森诺曼集团的一项有 276 名参与者的研究显示，"无论是在移动设备还是在电脑上阅读"，参与者的理解能力没有实质差别。事实上，这项研究发现，同样阅读 400 字左右的简单内容，移动端阅读者的理解能力得分比电脑端阅读者还高 3%。为什么这两项研究结果会不同呢？难道是在过去的 6 年中，我们更加适应小屏阅读了吗？6 年前小屏阅读对于人们的障碍不再是问题了吗？可能是这样。但是实际上我们并不知道原因。[3]

研究表明，人们对于不足 1 000 字、难度较大的长篇幅内容，在移动端阅读时理解能力确实有所下降。这说明，很难的内容在移动端阅读确实比在电脑上阅读更难理解。我们还需要更多关于此内容的研究才能得出确切的结论，但这确实给出了一些新奇的发现。

资源

调整原生广告信息以适应不同的形式很关键。但这也意味着你的其他资产，也就是公司网站、PDF 下载内容、应用程序、社交媒体工具等都要移动化。例如，如果用户点击浏览你的网站，遇到"了解更多"，你本意是希望利用这个引导产生更多销售机会，但是用 iOS（苹果公司的移动操作系统）点击网页的人都不能正确访问，那么这就会导致很多潜在销售机会的流失。

创造你的原生广告

无论是通过社交媒体广告、信息流原生分发还是内容推荐进行宣传推广，你的广告必须包括以下主要内容：

- 一个标题；
- 一段描述（不同的内容发布平台会有所不同）；
- 一个缩略图。

所有放置广告的位置都带有某种形式的提示，清楚地标明推广的是付费原生内容。这个标签越来越多地由发布原生内容的原生平台或者内容发布平台提前设置好，而不是由广告商控制。

所有平台允许广告商将相关推广网站的网址植入内容中。

标题的重要性

在构成原生广告预览效果的三个主要元素中，标题是最重要的。标题内容将被所有目标用户看到。无论是否点击广告，用户都能看到标题，所以标题关系到用户的品牌回忆和参与情况。如果你希望有人点击广告，那么必须想到合适的标题。

克莱尔·奥斯汀是悉尼内容为王（King Content）公司的前用户（社交及内容策略）主管，现在是创新创意公司 Sprintlane 的联合创始人，他认为，标题是原生广告成功的关键。

标题是钓钩，必须精良。在数字广告世界中，每天推出数百万内容，如果希望自己的内容被看到，就需要了解用户，知道如何能让你的用户停止滑屏，点击内容。我把它称作"阻拦翻阅"的标题。标题测试是了解用户点击原因的最好方式，但是记住用户也会阅读内容。高点击率并不意味着用户会参与其中，网站浏览时间和订阅量才是宣传推广成功的标志。

为你的原生广告取一个好标题是一件既需要科学规划又需要艺术思考的事情。要分析、测试不同的组合和风格，也是为了纯粹的好奇心尝试、试验和传递创意信息。即使对于经验丰富的内容营销团队来说，这也是一件富有挑战的事情。

为了帮助 ADYOULIKE 全新的内容创意工作室的内部编辑团队，我编写了一份内部文件，对于如何想出好的标题，提供一些自己的建议和想法。总而言之，所有原生广告的标题都应该吸引阅读者做以下事情：

- 微笑；
- 大笑；
- 获得信息；
- 激发兴趣；
- 参与；
- 思考。

用上方这个列表作为衡量标题的工具有些生硬，但是如果是入门新手，可以从这个列表开始。为你的品牌写 20 个原生广告标题，然后根据希望阅读者做的事情的列表进行比较。任何无法满足这些效果的标题，都应该放弃。这样的标题没有意思，不会有效果。

如何起原生广告标题

看杂志封面

杂志封面和原生广告标题的效果是一样的：吸引读者，抓住读者的兴趣。杂志封面就是点击诱饵的原始形式。我们可以从杂志封面学到很多。

下面是一些来自各种杂志的标题：

· 独家！碧昂丝产后身材首秀照片

· 有史以来最棒的唱片背后的故事

· 得到你应得的爱

· 这些塑形建议让你的沙滩身材更美丽

· 他真的爱你吗？

· 绝不能错过的伊维萨岛夏日之声

· 推广博客内容的 20 种戏剧性方式

这些标题都符合前文提到的列表标准吗？我觉得都符合。其他有助于原生广告标题成功的建议如下。

- 提问：不要害怕抛出那种目标用户可能会偷偷问自己的问题。"他爱我吗？""你需要一个新的衣柜吗？""我在工作中足够努力吗？"这些问题可以吸引目标用户的注意力，鼓励他们点击内容，寻找答案。
- 采用内容节选：利用原生广告内容节选作为标题也能获得很好的效果，特别是对于访谈内容。例如，如果你要为一部新的电影做宣传推广，可以列出这句话："拍电影是到目前为止对我来说最大的挑战。"—— 休·杰克曼。
- 挑战你的用户："你是否想过拥有一座大厦是什么感觉？"

每条标题的最终目标都是唤起读者的共鸣，让他们觉得标题下要讲的故事和自己切身相关。标题帮助你建立一种专有的感觉，透露出你不能错过这个信息。

其他技巧

以下是所有广告撰稿员、记者、编辑最常用的技巧。其中一些技巧可能对你有帮助，但是所有这些都将激发你的创意。

- 对立方式：将消极转化为积极。"好的东西终会属于耐心等待的人。"或者英国保险公司 Bupa 的广告语："患者现在就要见您，医生。"强调不用等待的好处。为严肃的事情增添一点幽默感，反之亦然。

- 列三个清单也很有效："朋友、罗马人、同胞……""嘿，嘿，哈。""狮子、女巫、衣橱。"
- 对比："过好生活，花点小钱"或者"放眼全球，立足本地"。
- 押头韵：always accurately awesome（总是非常棒）。
- 双关：谨慎使用。在广告文案中使用双关总会让人感到不悦。但是在报纸中双关的使用则很常见。想想那些通俗小报的标题就知道了。所以我们可以在适当的时候使用双关语，但是也不要使用含义太低俗的双关。试着做些改变。

对于双关语来说要想：

- 押韵的词、俗语、流行语；
- 和产品相关的歌曲、电影、电视或者书的标题；

要这样做：

- 保证语言简单——简单的对话语言；
- 不要无聊——杜绝废话；
- 专属的感觉，直接和你的读者对话，多用"你""你的"；
- 用隐喻来激发强烈的感情；
- 激发感情——使产品或者服务和某种感情一致；

· 帮助你的用户"在故事中"突出自己，图片、标题、描述都应该集中在这个目标上。

不要这样做：

· 消极——即使是短暂的消极想法，用户和广告商也难以接受。如果不能表现得积极，那么也不要表现出消极的一面。

· 过度使用"最好""顶级""惊人"等夸张的词语，除非你能进行充分证明。

图片

原生广告的配图和标题一样重要。记住，标题和搭配的缩略图将成为原生广告宣传推广活动中浏览量最多的部分。这是为品牌创造互动的好机会，也是在信息流中展示内容及品牌的机会。不要浪费这个机会。我知道这很简单，但是看到许多广告商没能好好利用图片，我还是觉得很惊讶。从我上千次广告宣传推广活动的经验来看，展示人们活动、引起共鸣的缩略图效果最好，是平均水平的3倍，而仅仅展示产品图片的效果最差。因此，图片非常重要。近距离展示使用中的产品或者服务，呈现出显而易见的情感关联，效果最好。

当然，你使用的图片取决于推广的内容，但是有几条规则要铭记于心。我们在下面将介绍到。

关于产品图像和标志，非常抱歉但是我必须要告诉你，没有人想在信息流中看到你的新产品的缩略图。除非是像飞行汽车、纯金的飞机这样非常独特的东西，否则在信息流中没有人会为你的新型洗碗机、巧克力棒图片而停留。更别说你的公司标志了。将品牌商标作为缩略图最不符合原生广告的规则。千万别这样做！

应该如何选择图片呢？

无数次实践证明，人物缩略图，特别是图中人物相貌端庄、表情愉悦的缩略图能够很好地吸引关注。采用个体化的方式非常关键，越能抓住真实内容的精髓，效果越好。使用产品图片也可以，只要看起来不要太像摆拍或者图库图片就好。例如，如果你的产品是运动品牌，不要用产品的图片，要用穿戴或使用产品的人物的图片。

关于图片，你要考虑以下的事情。

· 谨慎使用风景图片。你可能会用令人惊叹的美丽风景图片来进行宣传推广，图片确实非常漂亮，但是压缩成缩略图之后看起来怎么样？图片前景中有什么吸引人的地方吗？如果没有，就换一张图吧。

· 避免使用点击诱饵图片。当开始思考什么会吸引用户注意力的时候，你太容易被图片左右。要寻找适合你推广的内容或者产品的图片，但是记住过犹不及。明星图片、比基尼图片、知名画作、搞笑姿势都是原生广告最常使用的图片。但是这些图片只在适当的情境下，与宣传推广内容相关的时候才有效。如果和宣传推广内容无关，这样做就会有损品牌形象。比基尼图片确实会吸引用户点击你的内容，但是用户点进去之后一定会认为你的品牌只是粗俗的点击诱饵。没有人想要这样的内容。想一想价值交换。

肖像权和原生广告

说到在网络上使用图片，似乎有很大一部分灰色地带。你确实会遇到一些奇怪的方式，能做和不能做的事情似乎很容易混淆，这可能会让你的生意蒙受损失。例如，社交媒体和原生广告宣传推广中有很多明星照片都来自公共领域。公共领域是指推特或者 Reddit（社交新闻站点）等社交网站。这些平台上面的照片大多不能用于商业活动。如果你出于商业目的利用这些图片制作内容，那么就会引起麻烦。

其他很多图片都来自知识共享（Creative Commons，一个非营利组织）许可。知识共享许可是一种公共版权许可，允许版权作品自由使用。想了解更多信息请访问：Creativecommons.org。

Wikimedia Commons（维基共享资源数据库）也是一个很好的搜索引擎，可以寻找知识共享图片内容。只要在使用图片的地方标明图片归属和完整的图片信息，就可以用特定的方式为一些特定内容使用某些图片了。

根据我的经验，通常无法百分之百确定图片是否可以用于宣传推广。我的建议是，如果存在疑虑，那么出于谨慎考虑还是不要用了。可以用你自己的商业图片（或者自己拍的照片），或者注册图库网站的账号，例如从 Getty Images、istockphoto、Shutterstock 等图库网站上找图片。如果在 clipart.com 和 pixabay. com（免费）等有大数据库的网站上进行深度搜索，也可以找到一些质量较低的图片，但是费用相对便宜，甚至会免费。

案例研究

社交媒体原生广告：
快乐鲜（HappyFresh）和 Instagram

快乐鲜是一个线上生鲜食品平台，主要服务于亚洲地区的人们，使人们可以通过手机购买生鲜食品。目前，这个平台已经在马来西亚、印度尼西亚、泰国、菲律宾以及中国台湾上线，并且正迅速拓展市场。

在马来西亚，就像在亚洲大部分地区一样，通过手机在网上购买生鲜食品还是一个独特的理念。那么，如何鼓励马来西亚人通过线上平台购物，同时下载软件呢？

解决的方法是，通过手机来对人们进行视觉上的刺激。最理想的方式就是，向人们展示通过移动设备购买生鲜食品多么便捷。所以，快乐鲜采用 Instagram 广告。

快乐鲜利用短视频叙事的形式鼓励马来西亚人通过手机购买生鲜食品，下载快乐鲜应用程序。他们制作了一条短视频，进行详细的示范，展示通过手机软件购买生鲜水果有多么方便。这条广告按照地域定位目标用户，推送给吉隆坡区域内居住在快乐鲜商店附近的 360 万名用户。这就意味着看到这条广告的人可以下载、使用这个软件。根据用户行为进行内容及创意优化，快乐鲜能节省 30% 的单次营收成本。

由于只有某些商店可以进行线上购物，快乐鲜利用地理定位锁定吉隆坡区域内快乐鲜商店附近的 360 万人，平均每人 9 次。这意味着看到广告的人能够使用这个软件，而不是仅仅参与到品牌内容中。

快乐鲜在脸书、Instagram 和受众网络上优化广告投放，将恰当的创意及产品展示给恰当的目标用户。这样单次营收成本减少了 30%。

结果

· 触及 360 万名用户；

·　单次营收成本降低 30%。[4]

为什么有效?

优质内容、精准定位、利用数据，这通常就意味着营销活动的成功。本次营销活动能获得成功，主要是因为快乐鲜利用视频广告，保证视频广告有多种功能。视频不仅展示了快乐鲜应用程序，而且讲述了一个故事。这个故事减少了很多马来西亚人对于使用快乐鲜的忧虑：送来的食物不新鲜。最后，视频鼓励用户下载、使用快乐鲜。所以，这就是为什么视频广告是使人们转变想法的好方式。

通过创意优化、地理定位，找到乐于下载并使用快乐鲜应用程序的目标用户，保证不浪费广告支出。

描述：支持你的标题

并不是所有原生广告都包括描述部分，这主要取决于广告所在的内容发布平台。但是，如果广告包括描述部分，则需要精心设计。就像缩略图和标题一样，描述部分也将成为宣传推广活动中被最多用户看到的部分。描述部分位于标题下面，是一段 140~160 字的概括或者介绍。这是一个向用户展示内容的机会，吸引用户点击链接。

原生广告内容

除了原生广告预览之外，如果制作原生广告内容，那么内容长短就没有规定了。你需要发挥创造力，不断尝试。

不要害怕探讨细节

在 20 世纪 50 年代，报纸社论式广告非常普遍，广告商和出版商业务兴盛。关于读者对报纸社论式广告的阅读习惯的调查显示，如果一篇文章的字数在 500 字以上，那么这篇文章的字数对于读者数量的影响就非常有限了。因为如果 500 字以上的内容仍然有读者，那么就算字数涨到 800 字以上，这些读者仍然会阅读。为什么呢？因为他们对内容本身感兴趣，他们参与其中。思考一下：当你真的对某个话题感兴趣的时候，你在网上读了多少篇长文章？只要内容的呈现方式恰当，并且写得好，能让你不断收获信息，那么制作较长的内容也无可厚非。

事实上，原生广告内容具有很大的自由度，这无疑是一件好事。没有人想看平淡乏味的文字。这样的内容在印刷时代无效，在网络时代同样无效。因此，在你的原生内容中要加入以下元素。

· 副标题：副标题吸引读者。副标题读者扫一眼就可以看到，这意味着读者会根据副标题决定是继续阅读还是点击别的内容。

· 视频：在你的广告文案中加入视频。这个方法一定会促进现代网络用户与品牌进行互动，使用户参与其中。

· 引用：大号加粗、简短有力的引用可以将文章划分成段落，吸引读者；如果可能的话，可以加入产品的外部评估甚至是客户评价；第三方对于产品或者服务的证明总是能增强其吸引力。

· 图片：人们都喜欢图片。添加图片，将你的内容分成段落。

视频创意

如果你的原生广告中包括视频，那么仅仅截取电视广告，或者推广博客营销内容并不够。在移动信息流中，用户观看视频内容的方式和线上、线下的观看方式完全不同。为了保证视频宣传推广成功，你需要考虑很多事情。建议遵循以下技巧。

· 片头让人眼前一亮。在脸书上以及其他信息流分发形式中，当用户滑到视频之后，视频会自动播放。你只有几秒钟的时间来吸引用户，所以要立刻呈现视频中最精彩的内容。

· 加字幕和副标题。像在脸书这样的移动设备平台上，大

部分用户观看视频的时候都是静音。因此，如果不加
副标题和字幕，就会失去很多让目标用户参与其中的
机会。

· 思考如何利用取笑的方式吸引用户观看视频（参考上述
建议）。

· 思考如何选择预览图——选择视频中最好的一帧（参考
上述关于图片的建议）。

· 思考如何制作引发更多分享的内容——社交媒体上视频
可以被大量分享。设置一个分享口号，或者在你的视频
中加入可分享元素，这样才能让更多人看到视频。

测试创意

上述讲到的标题、缩略图、内容描述，无论你制作了什么，
记住一点——测试。如何进行测试？首先，每种内容都要多想
几个。如果推广一个相同的网页，那就试试三四个不同的标题、
描述、缩略图。在同样的平台进行几天测试之后你就能找到最
有效的创意了。每次宣传推广活动都要这样做。当然，要保证
对宣传推广效果进行正确追踪和标记。

如果你想说什么，就什么都别说

原生广告已经成为品牌规模化地向广大用户分发、分享内容信息的一种方式。但是无论分发的方式是什么，运用内容方法的最佳营销信息之所以获得成功，有一个原因：内容背后有想法支撑。

互联网上有太多被创造出来和被分发的内容，而这些内容背后却没有任何概念：所有部分都没有概念。百比赫（Bartle Bogle Hegarty）广告公司的数字出版总监理查德·凯布尔2015年在文章《宣传推广活动》中写道：[5]

当广告成为一种营销沟通方式，打断你正在做的事情时（无论你是否愿意），那么内容就是你选择愿意为其花费时间的营销沟通。

如果你的内容背后有概念支撑，或者你花巨资来打造内容确实有目的，那么这番话就是正确的。否则，内容就什么也不是。没有人想把时间"花"在纸上的一堆文字、毫无意义的视频、随机图片这样的内容上，相较这样的内容，一个让人感到震惊、实事求是、大喊大叫、野蛮的广告可能更好！

> "购买这个产品"比"没有实际目的的随机片段"更好。后者是为了内容而制作内容，这样是不对的。要有想法，创造内容，分享内容，然后重复。很简单，不是吗？
>
> 最好的原生广告宣传推广活动都会采用现实内容的方式，这会获得惊人的成功。所以问问自己：创造没有任何概念的内容，你不会感到愧疚吗？

关键创意点总结

仍在为原生内容而感到头痛吗？以下 8 条建议可以帮助到你。

· 建议一：从个人的角度来思考。你希望用户能参与到你正在写的内容中，你希望用户喜欢你的内容且愿意分享你的内容。所以要从个人角度来思考，而不是从品牌角度。虽然要将内容品牌化，但这并非意味着目标用户不能享受你所宣传推广的内容，也不是说你写的内容必须读起来像广告。你的内容读起来要像一条信息丰富的介绍。你需要遵循一点：为了诱惑而写。没有人希望读到无聊的内容。如今，人们决定阅读或者跳过网络内容只需要几秒钟的时间。确保你的开头段落吸引人，用简短、强有力、吸引眼球的句子。

· 建议二：使用调动情绪的词汇。词汇非常重要。使用简

单的句子。简短的句子能让人迅速抓住重点。但是要
使用有效的、能调动情绪的词汇，让用户反应。比如，
"极好的""最棒的""第一流的""独一无二的""惊人
的""顶级的""卓越的"。但是注意不要过于追求轰动
效果。

· 建议三：在标题、起始段落强调你的信息。这会在目标
用户中建立信任和树立品牌价值。

· 建议四：不要害怕详细叙述。

· 建议五：不要认为读者都是容易上当的傻瓜！用户比
我们想的更加精明。不要以居高临下的态度来写你的内
容。公开信息对于原生广告来说十分重要，品牌应该
很乐意在推广内容时带上品牌标记。对于内容创作者来
说，这意味着将你的目标用户视为真实的人。

· 建议六：讲故事。与你的目标用户及他们的情感进行对
话。不要表现得愤世嫉俗，要从个人的层面吸引用户参
与其中。对于某些品牌来说这很难实现，但是广告宣传
推广中的每一个产品或者服务都满足了一些人的个人需
求和情感需求。

· 建议七：承担风险。为风险做准备。如果你认为某些内容
对于你的目标用户有效，那么就尝试它，并监控效果、分
析情况、学习经验。

· 建议八：不可以无聊。

案例研究

社交媒体原生广告：汇丰集团和领英

汇丰集团希望通过推广汇丰环球关系内容来与重要商业客户进行互动，于是借助了领英的力量。这一活动面临的挑战是，找到一个创新方式吸引时间宝贵但对真正的商业洞察力感兴趣的商业客户参与其中。这一挑战使得领英的赞助内容成为最佳选择。

汇丰集团利用领英赞助内容的地理定位来推广其新的贸易预测工具，然后根据每个特定市场相关的数据，获得个性化职位，进行推荐。汇丰集团可以在某些时候根据特定话题、相关性来选择或改变内容，将内容展示在领英信息流中。这个方法很有效。

结果

- 汇丰环球关系内容获得 40 000 条互动；
- 最新曝光量增长 1 500%，社交媒体互动增长 900%；
- 创造了长期价值，汇丰集团的领英页面吸引了超过 3 750 名新关注者；
- 触及用户参与范围超过 50 个行业；
- 吸引了包括 CEO（首席执行官）、副总裁、运营总监在内的高层管理者参与其中。[6]

为什么有效?

　　领英与商业相关的专业内容很匹配，同时汇丰集团最大化地利用了领英赞助内容机会。最终整体宣传效果非常好，参与内容互动的用户背景和相关度也令人满意。在特定时候采用"测试与学习"方法，了解什么内容对于用户效果最好，这对于任何以用户为中心的品牌都非常有价值。本次宣传推广活动中，所有关于内容消费的洞察都可以作为将来内容及原生策略的经验。

体现出你的创意

　　有时候，对于自己的业务很难有什么创意。或者说，需要花些时间"跳出"你的业务，从侧面想一想整体营销计划。如果你在事务所每天面对同样的客户，也是同样的道理。每天琐碎的工作会占据我们思考的时间。

　　有时候，我自己也会为此而挣扎。经营一家发展中的数字创业公司就是永远都有紧急事务占据你的时间。因此，当你置身一堆紧急事务之中又不得不发挥创造力的时候，总是很难有想法。并不是我一个人如此。实际上，如果你问很多人，无论是否从事"创意行业"，大家都不会认为自己工作的时候最有创意。

　　我的大学同学丹尼尔·格洛弗－詹姆斯是伦敦一家广告代理商的广告文字撰稿人。他曾获得 D & AD 全球创意奖的黄铅笔奖和金赛尔鲨鱼奖，曾为 O2（英国移动运营商）创造"更像一条狗"的广告概念。丹尼尔认为自己只有在做其他事情的时候才能想出最好的创意。

　　我喜欢在跑步或者骑车的时候进行思考。我认为这叫作阿尔法状态。当身体做些什么事情的时候，大脑会更加放松，更有创造力。我通常不相信这种荒谬的想法，但是这确实有效。[7]

　　因此，当我们在工作时试图客观地思考，或者在思考工作内容时陷入困境，我们总是会遇到思路受阻的情况。没有想法是因为你担心执行时会遇到问题，你知道其他部门的某人会反对这个想法，或者无法提供必要的资源；或者你知道客户永远不会同意某个想法，因为你知道他们出于原则反对某种类型的营销。这时候我们的思维会僵化，想法会变得陈旧，处于自鸣得意的状态，创造力会消失。这对任何人来说都不好。创意就是要冒险，然后支持创意想法，量化证明创意的正确性，展示如何实现创意。

　　如果你正在阅读本书，但是无法把你看到的内容应用到实际商业环境中，那么试试下面这个创意练习。多年来我曾在无数讨论中使用这个练习。如果你是一名市场营销专业的学生，希望提升原生广告创意技能，那么以下练习是你所能接触到的最接近真实内容的原生概述练习。这个练习纯属虚构，商业内容如有雷同，纯属巧合。

原生广告概述创意想法练习

首先请你阅读以下内容。

背景

一个成功的花商通过分析购买数据和用户调查发现，在过去 6 个月中用户的购买习惯发生了重大变化。大数据分析显示，越来越多的男性为自己买花，而不只是将花作为礼物送人。更详细的分析显示，男性确实在为自己购买鲜花。实际上，男性为自己购买最多的就是黄玫瑰。这源于好莱坞演员，甚至说唱歌手都一直戴着黄玫瑰，因为据说黄玫瑰是古代男子气概的标志。

花商希望利用这个增长趋势，挑战男性为自己购买鲜花的概念，制作了"男孩花束"系列黄玫瑰。花商特别希望向年轻男性推广这个系列。

花商明白，这个活动不可能在一夜之间获得成功，他用 100 万美元做了 6 个月的宣传推广活动。他对于推广产品的创新想法非常开明。

宣传推广活动成功与否取决于网店"男孩花束"订单量的多少。

挑战

挑战男性为自己购买鲜花的概念，推广名人以黄玫瑰为男子气概标志的概念以及购买玫瑰对男性的好处。

目标消费群：18～34 岁的年轻男性。

可用资源

一篇突出数据和男性购买习惯的新闻稿。原始数据也是可以利用的。数字广告宣传推广会与公关活动、免费社交媒体活动同步进行，以及会在都市主要通勤枢纽投放路牌广告。

那么，开始吧！在概述之后你要做些什么呢？你要从哪里开始？我不会替你完成概述，但是会带领你开始思考。以下是你要问自己的几个问题。

1. 目标用户聚集在哪里？

2. 有没有什么设备是目标用户特别常用的？

3. 这次宣传推广活动的关键绩效指标是什么？

4. 像洞察力、参与情况这样的"软性"关键绩效指标需要考虑吗？

5. 像销量这样的"硬性"关键绩效指标呢？

6. 这在市场上是新的产品或者服务吗？如果是的话，需要告诉目标用户产品的好处吗？

7. 某种特定的原生广告产品对这次宣传推广有什么好处吗？

8. 建立话题讨论，是否带来社交分享并提升社交口碑是衡量这次宣传推广活动成功与否的关键指标吗？

9. 原生广告应该是幽默风格，还是更偏向教育式、指导式、信息丰富式呢？或者两种风格相结合？哪种更能触动用户呢？

10. 在开始时，有没有足够的经费来用不同的产品进行试验？

11. 客户是否对独特想法保持开放态度？

12. 是否还有其他营销活动和广告宣传推广一起呢？如果有的话，是否可以利用营销活动、资源提升原生广告宣传推广效果？

在回顾一份概述的时候，这只是一部分你需要问自己的问题。我不会告诉你为什么应该问自己这些问题。希望通过阅读本书，你能知道答案。我也不会告诉你最终给用户的方案应该是怎么样的。否则，就是鼓励你"复制粘贴"这个方案到自己的创意思维中。抱歉，你要靠自己了！

即便如此，如果你通过领英联系我，我还是很乐意看看你的方案，帮你进行评估。你可以通过以下方式联系我：推特@DaleL_NativeAds，领英 www.linkedin.com/in/dalelovell。

祝你好运！

第十章 为了原生广告的成功
建立一个团队

在这一章中，我会减少对原生广告产品以及技术执行方面的关注，更多地讲一讲要想让原生广告宣传推广获得成功需要怎样的思维模式和人事安排。要了解原生广告形式之间的细微差别，了解是什么让原生广告成为一个特殊的营销渠道。只有让恰当的人在恰当的位置，才能获得成功。

这是获得数字营销成功所需要的思维方式。我们将讨论该雇用什么样的人。在面试者身上寻找这些技能是很大的挑战。我们还会讨论这些人如何在你的原生广告团队中找到恰当的位置。

要想获得成功，你还需要投资能带来新技术的团队。但是，你也要认识到可能需要改变自己的想法，接受这些新的元素。你还需要说服身边共事的人，这些新技术值得投资。希望本章的内容可以帮到你。

　　但是，在开始阅读本章内容之前，记住所有这一切的努力都是值得的。今后，原生广告将在数字营销行业中占绝对优势。无论原生广告是否像我预测的一样，成为唯一"获得成功"的数字广告形式，它都将成为数字广告行业中最重要的广告类型。因此，如果你想把营销预算投入数字广告（几乎没有人不想这么做），那么就要在你的业务中迅速采用这样的思维模式。

外包给专家：最大限度地利用广告公司

　　数字广告外包是一种常见的方式。广告领域变化迅速，所以学习新的工具、新的科技、新的做事方法是一项全职工作。品牌恰恰无法掌握这些行业知识，不能迅速应对，总是会被落下。随时应对变化是数字广告行业中极具挑战性的一点，但这也是这一行业激动人心的地方。

　　外包数字广告很常见。如果你是一名对于数字广告不太了解的首席市场官，那你会怎么做？你当然会任命其他人来负责数字广告营销方面的业务，可能是在预算允许的情况下，在公司内部任命数字广告专家，或者是为公司品牌安排数字广告代理商。为什么要这样做呢？对于首席市场官来说，向董事会和重要品牌的执行团队报告其他人或者代理公司表现不佳，比承认自己工作失误更加容易。你宁愿换掉代理商，也不愿自己被取代。

如果你认为自己和公司团队都不具备运营数字广告方面的能力，那么务必把数字广告业务外包给合适的代理机构、广告技术公司，或者聘请一些专家。但事情并不是这样就结束了，这不代表你把思考的任务也交给了代理商及合作平台。你要想清楚，需要你的代理商做些什么，制定宣传推广活动成功的标准，为代理商提供一切它需要的资源以保证宣传推广活动达到最佳效果。

很多大品牌将需要"思考"的数字营销问题都外包给代理商。代理商由专家组成，而内容品牌营销人员要应对更多维度的品牌相关问题，这会消耗他们很多的时间和精力。

正如全世界领先的广告传播集团 WPP 的创始人及 CEO 马丁·索雷尔爵士所说的："如果客户说'让我们尝试合作，缩小范围，改善用户和代理商之间的决策制定流程'，这对各方来说都是好事……我认为最好的关系就是第一种，我们理解客户的压力，（因为）我们自己也面临压力。"[1]

记住，代理商并不会读心术。最好的代理商和客户的关系是以合作为基础的。你想要通过市场营销达到的效果越清晰，代理商就能做得越好，宣传推广效果也就越好。

数字营销市场的改变

旧的营销思维方式已经过时了。在市场营销中，原生广告也面临着调整。以前，营销活动会提前数月策划，并由相应的团队成员高效执行。这就意味着传统营销团队结构一定会造成知识孤岛，也就是信息和想法不重合。团队及营销活动分别运作。例如，电视宣传推广和纸媒宣传推广分别进行。这种知识孤岛不会出现在原生广告中。

如今数字营销越来越多地采用一种更具对话性的、始终在线上的方式。这是一个双向道，用户也可以和品牌对话。因此，品牌对于用户的反馈可以更加迅速地反应，同时更及时地策划、执行。当市场营销以这种方式运作的时候，你会逐渐发现团队成员需要掌握更广泛的行业知识和技能。或者换个说法，你的团队要足够灵活。原生广告是一种具有流动性、可塑性，以及可以出现各种可能性的广告形式。就像互联网本身一样，原生广告将数百种不同的影响因素进行融合，获得全新的、富有创意的内容。从事这项工作的人也要以这种方式行动、思考。

你的团队要反应灵活。想在数字广告行业中获得成功，需要创意、时效性以及平台。也就是说需要好的想法、恰当的时机以及合适的平台。要想获得成功，选择合适的时间和好的想法同样重要。

对迈势（Maxus）传媒内容分析师梅利莎·乌萨蒂的采访

请描述一下你们公司以及你的角色。

迈势传媒是一家成长于数字时代的传媒公司。自2008 年成立伊始，我们就意识到在如今迅速变化的复杂行业背景下，客户需要一个能帮助他们在变化中找到方向、引领变化趋势的代理机构。迈势传媒独一无二。我们拥抱科技和创新，鼓励客户迎接挑战，不断发展。与此同时，我们也会为客户提供简单、有创意、高效、有影响力的解决方案，不仅会帮助客户获得短期可见的实际效益，而且会帮助客户积累长期效益。我们的技术、影响力及数据团队是整个机构的核心，保证提供明确的科技、数据解决方案，这是我们工作中最重要的内容。

我们对自己的定位是全球布局的地方广告公司。自成立以来，我们就是在全球范围内发展最快的广告公司。目前已经在全世界 55 个市场中拥有 70 家办事处，2 700 名员工。世界顶级媒体投资管理集团群邑集团帮助我们提升客户的优势，其在贸易和科技领域的实力无可匹敌。我们很荣幸可以成为群邑集团和世界顶级的传播集团 WPP 的一部分。

作为一名内容分析师，我的很大一部分职责是做质询简报，为内容提供清晰的战略愿景，比如在创造出任何内容之前，提出犀利的问题，推进跨部门流程，解读数据，深入了解品牌以及品牌所处行业，了解用户（潜在用户或已有用户）。基本上，我要面对内容生产的全过程，从理解内容，到构思和创作阶段，再到内容分发及效果评估。我在一个叫作 CHORUS（合唱团）的专业部门。这个获奖无数的部门由营销效果专员、社交媒体内容及品牌内容从业者组成。他们精诚合作，提供满足实际目标的内容解决方案。迈势传媒的主张是全球首创，我们并没有采用传统媒体广告代理的方式，但这也正是我们的优势所在。我们对用户及其媒体行为有着无与伦比的了解。

在数字广告中，内容有多重要？

为了了解内容的重要性，你需要了解人们的普遍态度和行为。广告要紧跟人们的变化。我在这里有意识地用"人们"而不是"用户"，这是因为要想做得更好，我们必须学会这个观念。这不仅仅是为了帮助我们的客户，也是为了帮助那些在网上被大量内容冲击甚至感到焦虑的人。这就是为什么我们帮助人们进行过滤的产品越来越多。

用户、销售线索、账户，这样的语言很糟糕。广告的方向应该是个性化的。任何能够使自己的内容满足个性需求又留下足够探索空间的品牌都会获得成功。内容是个性化的关键，但这并不简单，也不便宜。

内容需要从思维模式到行为方式的完全转变。如果内容并不能发挥其应有的作用，那么品牌就应该认识到可能是因为内容不够好。最终，无论是娱乐性内容还是信息性内容，都应该是为了满足用户的需求而设计的。数字广告的未来更青睐考虑更全面的人而非懒惰者，这也是为什么（高品质）内容如此重要。

你认为原生广告和品牌内容为什么如此成功？

原生广告和品牌内容如果做得好，比其他形式有趣多了。只要质量高且满足人们的需求，人们不会在乎内容是不是为品牌做推广。我们要记住，人们在网上做的事情完全出于自愿。如果你的内容不能满足目标用户的需求，那么无论投入多少资金，无论如何分发，都会效果平平。这也是为什么要将内容融入经验中，确保高质量的内容在恰当的时间通过恰当的渠道匹配到有需要的人群。

你们的客户如何衡量宣传推广效果？

就像和内容相关的很多问题一样，衡量标准并非普适性的，因为不同的内容服务于不同的目标，比如提升知名度、增加用户对品牌的考虑、获得转化率、提升品牌忠诚度等。在迈势传媒，我们评估消费体验周期的不同阶段，将内容对应到不同节点上。因此，我们采用堆栈模型而非活动指标来更好地获得效果。我们也会对短期效果、中期效果、长期效果进行评估。这就是为什么我们的技术、影响力及数据团队至关重要。我们衡量什么，以及如何衡量成功效果，在策略规划阶段就已经十分明确了。

如何成为优秀的内容营销者？需要什么技能？

在考虑如何成为优秀的内容营销者的时候，我们也需要考虑如何在团队中构建良好的内容文化氛围。你或许拥有优秀的人才，但是如果没有大的文化环境，没有有助于合作的基础架构、同级关系来让他们调动所有资源，做出最好的作品，那么这些人才就不能发挥出他们的潜力。在不同的机构，对于不同的品牌来说，优秀的内容营销者的定义有所不同，因为同样的角色在不同的团队中会发挥不同的作用。这并不是一件坏事，因为技能、背景、经验、观念的多样化会丰富内容，增强内容的竞争力。但是雇主在发掘、雇用内容营销者的时候要完全理解他们需要什么，考虑到全部的文化、结构以及内容的可读性。

除此之外，最棒的内容营销者兼备硬技能和软技能。但是，软技能才是让人脱颖而出的关键。他们了解宣传推广效果的本质，知道如何解读数据，确保每个决定背后不仅有创意，而且有充分的洞察力。他们能通过有机表现捕捉内容的网页表现，通过自有媒体、付费媒体了解站外表现。他们应该采取有序、一致的方法，知道何时在团队中循环。

他们思考透彻，真正了解品牌和品牌愿景，知道品牌愿景内容在整个用户体验循环中的角色，同时也了解品牌之外的世界以及各方事物将如何影响内容。他们以用户需求为工作的核心内容，这使他们的工作有目标、责任明确、效果可衡量。

当我们真正开始对这个领域进行深入思考的时候，就会成为优秀的内容营销者。对于内容的情报搜集和解读绝对至关重要，但是内容也需要一定的创意，需要强大的抽象思维，需要编辑的锐眼，需要相信直觉，需要对细节严苛，知道如何通过看、读、听等交流形式传递信息，需要具有情感上的敏锐性，能够在团队中培养创造力。优秀的内容营销者没有时间为宗教问题、政治问题而争论，他们会打破孤岛，团结合作。

你认为这一领域未来需要培训技能吗？

广告代理和品牌都要培养对于客户体验与生俱来的关注。这一点非常重要，我曾反复强调。价格竞争和产品竞争的影响力已经逐渐削弱。触点如何高效地满足潜在客户和消费者的目标将是影响他们决策的关键。无论是应用软件、网站或者其他任何形式都可以成为触点。内容是这种个性化趋势的关键。我们需要一套全新的技能来做到这些。我并不是说内容营销者自身需要成为专家，而是他们需要熟悉全新的领域，知道 UX（用户体验）、CRO（转换率优化），了解行为经济学、心理学，甚至随着语音搜索的兴起，了解一点语言学知识。

你认为接下来十年中原生广告行业将会是怎样的?

未来几年中，我希望广告行业对于产品之外的内容有更加全方位的理解。对于广告拦截以及广告的消极情绪我们应该负起责任。对于在内容上投资的企业来说，最大的风险是目标用户对于内容不感兴趣。因此，做事要有目标。给人们一个感兴趣的理由。否则，不要费事做内容。内容成本太高，投入太多，很难做好。

如果内容的成功仅仅是少数人的责任，那么内容一定会失败。让团队成员各自发挥优势，为他们提供良好的内容文化和基础架构，少而精地生产内容，这样才能进步。同时，这些与广告效果衡量标准和投资回报率密切相关。明智的内容营销者在产品设计之初就会考虑清楚需要追踪、衡量什么数据。但最重要的是，内容营销者也要知道一个短期内的衡量指标并不能代表内容的真正表现，也不能代表内容的长期收益。我们需要习惯于对内容表现进行短期、中期、长期的考量。

T 形营销者

如果你读过市场营销理论，一定看到过 T 形营销者（见图 10.1）这个词。在数字营销行业内，这个词曾经很受欢迎，指在特定岗位上最合适的某类人。

T 形营销者的概念解释了为何营销人员需要广泛的经历和技能，同时也需要在一个特定领域成为专家。例如，一名数字营销经理的工作可能涉及数字营销领域的很多方面——调查、社交媒体、内容、点击付费、程序化广告、展示广告等，这让他对当代数字营销市场有一个横向的了解，但是他需要在其中一个领域，比如社交媒体领域成为专家。

T 形营销者的优势是，他们在特定领域有超强的问题解决能力（这得益于他们在某个专业领域的深耕），同时拥有良好的沟通技能和对广泛事物的理解能力。身处一个需要不断学习，以及新技术、新专业技能不断涌现的行业，能够整合某个领域的专业技能，同时能够和更大范围的团队高效沟通，对于成功来说至关重要。

图 10.1　T 形营销者

π 形营销者

2012 年 11 月，数字营销社区 Econsultancy 的 CEO 阿什利·弗里德莱因曾在《营销周刊》上发表过一篇关于 π 形营销者的有趣文章。[2] 在文章中，弗里德莱因指出 T 形营销者已经过时了，如今需要成为 π 形营销者，也就是成为兼具左脑能力（数学、数据、分析）和右脑能力（创造力）的人。他认为，如今的营销者需要"参照数据、冷静分析，同时理解品牌，会讲故事，了解体验营销"。这个比喻我非常赞同。确实，在现代营销市场中，需要"左右脑并用"的人才，既能理性分析，又具有创造性。你需要拥有足够的创造力，才能有很多新想法，才能了解内容、委托制作。同时你也要能够进行分析，知道什么样的方法可行，会钻研数据，利用科技分析结果。你要知道，在数字广告领域中所做的一切，一旦涉及内容，就是一半艺术、一半科学。

近些年，随着数字广告领域中大数据和内容营销的发展，更是如此。

大数据

在数字广告行业中，数据无处不在。数据实在太多了，多到我们不知如何处理。对于痴迷于数字的左脑分析型人才来说，这简直是梦寐以求的事情。

内容营销

内容营销，就是为目标用户创造有趣内容的过程。对于右脑学习型的内容营销者来说，内容可以唤醒他们心中的海明威和达利。在内容营销领域，为了满足内容需求，π 形营销者的思考方式越来越重要。

如果你的数字营销交给只有左脑思维或者只有右脑思维的人，抑或是没有整体思考的人，那么坦白地讲，结果将会是一团糟。

左脑思维的人会因数据过载而陷入困境，他们总是与矛盾的结果较劲而无法专注于任何事情，会对决策进行事后批评。

右脑思维的人会将所有时间和预算都用来实现那些带给他们虚荣感却不能提升品牌价值的创意，这是毫无商业目标的创意。无论是上述哪种情况，都会为许多营销者带来坏名声（特别是对于情况感到不满的财务主管来说）。

系统思考者和叙事思考者

尼克·劳是广告公司 R/GA 的全球首席创意执行官。2014年 9 月，在一次美国互联网广告局的采访中，他谈到自己的团队由系统思考者和叙事思考者组成，这在如今以故事为核心、以数据为驱动的广告行业中非常重要。

当你的团队中拥有一个系统思考者和一个叙事思考者时，你将在简单和可能性之间获得一种微妙的张力。[3]

草叉团队结构

真正富有创意的人总是被"新"事物吸引。但并不一定是新技术，而是对于他们来说新的事物。[4]

——戴夫·特罗特，

创意恶作剧（Creative Mischief，一家广告代理公司）

数字营销市场比以往更加依赖技术、数据和内容创意。为了获得成功，团队中仅仅雇用一两个 π 形营销者已经远远不够了。如果仅仅雇用 π 形营销者，那么需要真正专业知识的关键领域则会有很大的犯错空间。在品牌数字营销中，这样的错误足以决定成败。

想要获得成功，品牌需要打造一个 Ψ 形或者说草叉形技能团队（见图10.2）。如果你正在打造原生广告团队，那么你需要采取这种策略和这样的团队模式。

希腊字母 Ψ，看起来像一把草叉，是最能代表当代市场营销团队模式的符号。T形营销者拥有广博的市场营销知识储备，精通一两个专业领域；π形营销者拥有左右脑并用的思维能力；而草叉形营销团队模式与两者都不同。

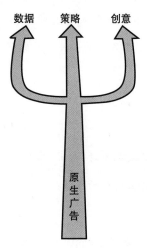

图 10.2　草叉形技能团队

不同之处在于参与其中的人不一样。在草叉形营销团队模式中，团队成员不必是T形或者π形通才，可以是某个领域的专业人才。他们可以是I形人才。没有广博的知识，却能成为某个小领域的专家。

他们在市场营销领域倾注大量时间，在某个方面成为专家，比如搜索、内容、社交媒体等。或者他们在市场营销领域之外的专业知识恰好对市场营销有益，比如新闻专业技能、公关文案、电影制作、数据分析或者计算机科学等。他们可能已经养成了某些品质或者左脑型、右脑型、中心型思维习惯，一些人可能还会有不止一种思维习惯。

如何利用这些专业人才非常关键。需要将不同专业领域的人集合在一起，组成一个团队，让他们为了同一个目标而努力，创造出与品牌相关的内容营销。最关键的一点是，他们有专业知识。有了明确方向，他们知道如何利用知识实现一个共同的目标：创造出有影响力的原生广告。

依靠个人的力量来完成所有工作已经不现实了。因为，即使是最小规模的数字营销活动也会产生大量数据需要分析。这就是草叉形团队出现的原因。那么这样一种理想的数字营销团队具体应该是什么样子呢？

创意

草叉的右侧叉子齿应该负责创意，在市场营销渠道中负责叙述。团队中这部分人面对的挑战是"如何将这些信息讲成一个故事"。或许他们和别人看待生活的角度不同，能看到他人看不到的联系。他们面对任务时，应该带着将信息浓缩的渴望。"对于用户来说这里面有什么？"这应该成为他们的口头禅。他们应该从内容发布平台的角度思考问题，拥有了解用户需求的直觉。当然，他们也应该知道如何为品牌设计、制作、组织内容。

营销领域之外的潜在雇员包括：记者、编辑、电视录像制作人、博主、公关工作者、文案撰稿人、设计师、专业学者、艺术家。

数据

草叉的左侧叉子齿应该负责数据。这就是需要大数据分析的地方。这一部分真的需要专家对数字营销进行预测。在营销渠道中负责展示所有可获得的数据：无论是用户洞察、营销绩效报告，还是外部与业务、行业相关的数据。他们负责挖掘数据，为营销活动的成功找到关键数据。如果缺少这种重要的数据分析，营销活动就是在黑夜中行走。

营销领域之外的潜在雇员包括：数据分析师、工程师、会计师、科学家、统计学家、信息技术人员、网络开发人员、金融专业人员、银行人员。

策略

草叉中间的叉子齿和两侧的叉子齿一样重要，负责策略。这是原生广告和数字营销发挥作用的关键，很可能是团队中的管理重心所在。这个组里的人最好是 T 形营销者或 π 形营销者，因为只有对于大目标有广泛理解的人才能制定策略。他们的关键任务是将内容、数据、商业目标、预算和摘要信息综合考量，形成一个可以获得成功的数字广告策略。这并不是一个简单的任务，因此必须确保这些人获得充分的信息，得到相关左右脑型专家的支持。

营销领域之外的潜在雇员包括：经理人、高管、企业家。

原生广告成功模型

这些年我遇到过很多不同客户，在内容和原生广告的某个方面很强。有的客户有绝妙的创意，但是一旦将宏伟的计划落实到紧张的预算上，总是偏离实际。有些客户没什么创意想法，不想执行任何缺乏数据支撑的创意。这也导致了一个难题，那就是至少需要先在一些市场上进行试验才能获得数据进行初步分析。还有一些客户，非常好合作。他们目标明确，知道自己想要什么样的效果，但是在执行方面需要支持。我最喜欢合作的客户是综合了以上 3 种的客户。这样内容数字营销才能有效。

如果你观察并深度了解如今成功的数字营销团队，无论是代理商还是公司团队，你会发现大多是草叉形团队模式。通常，只有结合这 3 种心态和能力，不断挑战极限的品牌，才能在数字广告营销中获得成功。

培养正确的营销心态

培养草叉形市场营销团队确实具有挑战性。集合不同个性的人，以不同的工作方式、不同的工作速度进行合作，树立共同的目标，这些都非常具有挑战性。没有到位的管理和商业模式根本无法实现。雇用在某个领域拥有专业技能的人才，在市场营销领域中好好利用，也很难。

如果你雇不到专业人才，如何培养呢？以下几点建议可供参考。

鼓励专业人才发展

如果当前有一个团队工作涉及品牌内容和原生广告的所有方面，那么考虑将工作划分专业领域。你可能已经留心过团队中谁比较适合数字分析，谁比较适合内容创意，鼓励他们对自己在原生广告流程中擅长、喜欢的方面投入更多精力。避免孤岛式发展，让所有人定期分享他们的专业知识，这样整个团队就能了解到这对于整体营销活动的影响和提升。也要鼓励策略制定者在创意、数据方面花时间学习，这样可以增长见识，共享专业知识。

从其他行业雇用人才

创意来自新的思维方式。将来自其他行业具有专业知识的人才引入团队，有助于增加团队整体的创造性。邀请记者、工程师甚至老师加入团队，会为团队带来新的专业知识和思维方式。

强调成功：创造全公司范围内的参与

你很容易认为所有创意想法都来自你的创意团队，但实际上并非如此。一旦有机会，你就会发现更大的团队会提供富有启发意义的想法。所以，和更大的团队分享你的原生广告目标：每名员工都将熟悉你的产品以及你推广产品的数字渠道，强调你已经做的事情以及表现如何。这样，你或许会对效果感到惊讶。

采用草叉形团队模式

总而言之，未来数字广告市场将由内容决定。品牌要创造出更有趣的内容来吸引目标用户。市场营销者需要做内容商业案例。数据将在制作案例及计算投资回报中发挥关键作用。为了做到这些，企业需要采用草叉形团队模式。

第十一章 高效原生广告商的七个习惯

本章我想讲一讲，如果你们想成为高效的实践者和在原生广告中获得成功需要养成什么样的习惯。原生广告商需要培养一些关键的个人特质和了解一些专业领域。无论你是刚刚听说原生广告的概念，并且还在学习市场营销的学生，还是经验丰富的从业者，希望在业务中采用原生广告，或者是热衷于进行原生广告试验的品牌营销者，以下几点都值得注意和分享。

那么，是什么让原生广告商获得成功？

第一个习惯：他们有创业者的心态

无论是大型机构的工作人员，还是一名学生，或者是企业负责人，最好的原生广告商都具有创业者的心态。这是什么意思呢？他们是开拓者。他们充满活力，对新的想法和机会抱着开放的态度。他们富有想象力。他们能在其他人只看到困难的时候看到机会。他们乐于拥抱改变，愿意尝试。更关键的是他们总是在不停地学习。对于他们来说，遇到紧闭的门一定要敲开，而不是绕路而行。

第二个习惯：他们了解信息流

在本书中，我一再强调现代数字化生活中的"集体篝火"，也就是信息流。我们的生活正在逐渐围绕着信息流运转。我们在信息流中寻找故事、分享自己的故事，我们的喜好、兴趣、品味都在信息流中培养。没有信息流，我们的生活会变得无比枯燥。任何有影响力的原生广告商都要意识到这一点。原生广告的成功与否取决于它在信息流中的表现。获得信息流的原生广告商了解标题的重要性。标题是目标用户一定会看到的广告信息，无论用户是否点击内容。标题是成功的关键。

第三个习惯：他们有内容

关于内容，我们说过很多。故事的力量和观念是人类生活发展的重要组成部分。要成为一个有影响力的原生广告商，必须认识到内容的价值。要从内容发布平台和用户的角度来思考，将你的广告信息调整为相关、有趣的内容，否则，你就无法充分利用原生广告的优势。

第四个习惯：他们了解广告元素

说起原生广告，广告元素这一点经常被忽略。特别是内容发布平台，总是过于重视内容、调性。确实，我在前面强调过要重视内容，但是过犹不及。记住，你做的所有事情都是为了打造品牌，最终卖出更多产品，并不是为了打造炫酷的品牌内容，获得内容发布平台的奖项。关于现代广告参与情况的内容也写过很多。由于数字广告改变了用户与广告的关系，如今成功的广告是通过无数接触点上的优质内容悄无声息地为目标用户提供参与机会的。事实就是这样。但是如何让你不认识的人参与其中又不觉得烦人呢？根据我的经验，只要广告内容信息丰富或者风趣幽默，用户就不会介意被打扰。所以，要记住原生广告中的广告元素。

第五个习惯：他们知道预期结果是什么样子

每种原生广告在营销组合中都有其作用和效果。原生广告是一个广义的词，说你在运营原生广告其实就相当于说你正在做"线上广告"。一个成功的广告商需要了解不同原生广告产品之间的区别，选择合适的产品。

不同形式的原生广告用途不同，不同策略会带来不同效果。最优秀的原生广告商知道预期效果是什么样子。他们在宣传推广活动一开始就知道自己希望以及能够达到什么效果，而不是到最后才知道。他们带着目标来制定原生广告策略，按照预期效果执行。这也是你要做的事。

第六个习惯：他们利用科技和数据

原生广告科技处于数字广告发展最前沿。无论是利用数据和目标定位更有效地推送有细微差别的内容信息，还是简化购买模式，或是通过程序进行实时优化，开拓性地采用人工智能技术等，原生广告是以科技创新为基础的。最优秀的原生广告商在最棒的原生广告宣传推广中会充分利用科技达成预期结果。他们主动接受科技，而不是逃避。

第七个习惯：他们知道要依靠团队力量

最好的原生广告商总是能意识到他们不能每件事情都自己来做。无论是左脑倾向还是右脑倾向，无论是不是全面的 T 形人才，都没有关系。要想获得最好的原生广告效果，最好进行团队合作。顶级的广告商总是拥有一个团队。但是，即使你是所在机构中唯一负责原生广告的人，唯一负责制订宣传推广计划、推进计划实施、测评宣传推广效果的人，你也不必独自工作。你仍然可以请其他部门的同事贡献内容创意，或者在网上寻求相关论坛、组织的帮助。

或者，我认识一些成功的原生广告商，他们承认自己对原生广告宣传推广活动的运作方式一无所知。他们很聪明，认识到个人的不足之处以及业务的局限性，雇用了外部人员来帮助他们策划、运营原生广告宣传推广活动。他们很精明，认识到内容营销和原生广告为他们的业务带来了机遇。他们更加高明的地方在于，把具体执行外包给专业团队。

对 Mashable 品牌内容总监汉娜 · 梅乌姆的采访

对于超级粉丝来说，Mashable 是一家娱乐媒体公司。我们并不止针对那些有好奇心的人。我们独有的高速科技让我们可以将创意和数据结合起来。我们的娱乐系列和编辑内容智能、宏大、有深度、最迅速。我们如饥似渴地了解文化和科技。我们的创意塑造着未来。我们和有影响力的人——那些让我们着迷的早期尝试者，进行对话。

作为品牌内容总监，我负责审查所有我们与品牌合作伙伴共同创立的内容。

什么类型的品牌与你们合作进行原生广告宣传推广?

我们和很多品牌合作创立过品牌内容。从科技品牌到金融品牌,再到汽车品牌和娱乐品牌。我本身就有品牌方面的背景,我很支持品牌。我相信品牌拥有很多非常棒的故事,可以娱乐用户,启发用户,让用户获得丰富的信息。我喜欢和品牌合作,帮助它们挖掘好的故事。好内容不一定要硬塞进产品信息里,好内容可以为读者提供价值,同时完成客户的关键绩效指标。

你认为原生广告为什么会突然如此成功?

我认为原生广告突然获得成功的原因在于,在过去几年中,广告和媒体空间变得混乱,品牌正在不断寻找全新、真实的方式来接近用户。与内容发布平台合作恰好就是定位目标用户,真实地讲述故事。通过与 Mashable 这样的内容发布平台合作,品牌可以利用内容发布平台及其已有用户来分享品牌信息。信任是成功的关键。

第四部分

大商业背景下的原生广告

第十二章　数字商业

原生广告处于数字趋势的交叉点。随着移动互联网的发展，内容营销、广告的程序化买卖以及数字出版收入与原生广告相互影响。正因如此，为了全面了解原生广告的发展，我们有必要了解数字广告如何颠覆传统媒体版图。如果你对于数字广告领域的赢利方式——谁在什么时候赚钱——有所了解，那么就会知道原生广告从何而来，知道为什么原生广告对于数字广告行业的未来如此重要。

本章中，我们将简要介绍一些重要的数字商业趋势和特点，以及这些特点如何影响原生广告。

广告商、广告代理、广告科技公司局势

如今的数字媒体行业背后有一个十分复杂的关系网络，各种不同的利益相关方之间有着错综复杂的联系，从表面上并不

能看出来。当然，这些关系已经超出了原生广告的范围，支撑着全球每年数十亿美元产值的行业。如果想了解原生广告适合哪里，原生广告如何影响已有关系，为什么某些关系是关键的创新驱动因素，那么一定要对这些关系有所了解。

旧时代媒体模式如下：

广告商—代理商—内容发布平台（媒体拥有者）；

或者，广告商—内容发布平台（媒体拥有者）。

广告商向代理商提供简要的品牌创意方向、预算、核心目标、可用资产等信息，代理商带着这些信息去找媒体平台，看媒体平台会提出什么想法。如果成功，代理商将代表广告商向媒体平台订购项目，然后报告项目的成败。这是非数字广告产品总体的运作方式，这样的方式持续了很多年，效果很不错。

但是上述模式也为数字广告带来了一些问题。在印刷媒体中，完成创造性内容交给内容发布方之后，代理商的工作就完成了。但是数字广告是动态的、灵活的，需要不断调整以实现最佳的效果。在数字广告中，项目开始的日期就要开启很多任务，代理商要关注一切，同时做到监测广告表现、改善广告效果、向客户汇报最新进展、满足客户的需求。面对数百家内容发布平台和多个项目，要想做到这些很难。从数字广告项目的角度来看，这意味着媒体代理商需要和很多大大小小的媒体进行沟通，并逐一管理媒体的创意、标签、跟踪、报告、评估和效果。

广告技术的帮助

这时候技术就派上了用场。广告技术已经可以规模化地解决这些问题。广告技术网络企业通过为广告代理商提供单一入口的方式，来协助广告代理商在广告项目中与多个内容发布平台进行合作。广告技术可以实现创建项目、提供报告、优化、监测效果、评估、监测触达范围。

一些现代大规模广告模式是这样的：

广告商—广告代理商—广告技术公司—内容发布平台—消费者。

但是实际上还会涉及更多流程。现在已经有了程序化交易平台，这些交易平台通常是由代理商创建的，通过复杂的自动化软件和实时市场情况来为广告商管理广告支出。和直接运营相比，交易平台保证了专业、经济规模以及更高的投资回报率。它们也会和广告技术公司及内容发布平台合作。关系是这样的：

广告商—广告代理商—交易平台—广告技术公司—内容发布平台—消费者。

以上是超级精简的流程。实际流程如图 12.1 所示，这也是比较简单的版本。

想要了解更加详细的内容，请参考 Luma Partners（金融服务公司）的网络广告生态体系图：www.lumapartners.com/resource-center/lumascapes-2。

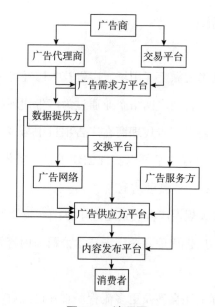

图 12.1　流程图

　　科技服务公司、广告需求方平台、广告供应方平台、交换平台、广告网络、数据提供方、负责定向广告的企业、广告服务方、广告追踪技术提供方、第三方报告工具、创意优化以及很多其他各方汇聚在一起。这就像一个迷宫。从广告商到内容发布平台之间的广告技术价值链非常复杂。你要记住的是，在这条价值链上的每一方都需要费用，要么从广告支出中直接扣除，要么收取技术费用。每个人都希望看到增长、利润，希望规模化地获得收益。这是一个复杂的买卖关系网络。它们实际在交易什么？通常是观感：吸引眼球，获得关注。

　　这个价值链条上的很多人会接受并购买原生广告。广告商可以直接和内容发布平台或者原生广告技术公司订购广告，交易平台也可以直接和广告代理商或者广告需求方订购。这没有问题，这代表着一个交易障碍比以前更少的、超级流畅的市场，但是这也有些混乱。

了解数字广告生态体系中推动科技发展的市场力量非常重要，这是人们利用线上广告赚钱的核心。正是这些商业力量为原生广告的成功奠定了基础，但同时也将继续提出挑战。

如何购买数字广告？

当一个广告商购买平面广告，例如一个整版的杂志广告时，大多数人很清楚他们购买的是什么。他们购买的是一个实体内容，在一本杂志的某个页面，某一期，付印成百上千册，分发给很多人（可能是付费购买，也可能是免费获得）。广告商支付的广告价格取决于杂志通常的印刷量或者销量，这取决于出版物的影响范围。精明的广告销售人员知道如何按照一定的比例收费。销售完成，广告设计好，参与其中的大部分人知道他们正在完成一个广告，准备付印。

但是购买数字广告的时候，你买到的是什么呢？数字广告很不一样。大部分情况下（除了一些小的内容发布平台），你购买的是一个行为，也就是广告浏览或者广告信息点击。这种交易并不是说你付多少钱就可以使你的广告在某个时间段出现在某个或者某些网站上。

数字媒体根据曝光量（广告浏览量、视频观看量）来进行交易。原生广告也不例外，尽管一些品牌内容发布平台合作伙伴也会提出类似固定租赁的想法。数字广告购买的是用户、关注，而不是特定时间段内的广告空间。

如果这还不是很清楚，那我们来看一个简单、假定的例子。

假如我是一个著名的清洁剂品牌的负责人。我想做数字广告，所以我拿出一条广告。作为广告商，你希望按照一定价格进行支付，在某个网站或者某些网站上获得100万的广告曝光量。比如1 000广告曝光量的成本是5美元，那么为了在一个月内获得100万曝光量，我需要支付5 000美元。但是，如果我投放广告的网站每月有3 000万浏览量呢？如果内容发布平台有能力服务另外100万个广告，它们可以同时以相同的价格再销售100万曝光量。内容发布平台当然有这样的能力。实际上，内容发布平台可以再同时卖出2 900万曝光量。因此，内容发布平台可以按照1 000曝光量5美元的成本销售30×100万广告曝光量，这相当于30×5 000美元=150 000美元。如果内容发布平台可以卖出空着的位置，这是很不错的生意。所有内容发布平台都需要更多的访问者，以及一些有意愿的购买者。

关键是要记住，现代数字媒体广告经济是由数量来决定的。越多的访问量意味着越高的收入。广告商购买曝光量，是想获得关注。媒体要想赚更多的钱，就必须默认要吸引更多的网站访客。

内容发布平台套利

所以一些内容发布平台需要访问量：对于网站的关注就等于银行中的现金。为什么呢？因为在数字内容发布经济中，关注就等于钱。每次曝光都可以推导出一个赚钱的公式。关注越多，你可能赚到的钱就越多。就这么简单。当然，线下也是这样。报纸、杂志需要不断提升发行量。

但是，如果你想获得的只是网站的访问，而不需要一个人真正付钱去购买你的出版物，也不需要付费订阅，那么这在数字世界中就非常容易了。

内容发布平台如何套利

数字内容发布平台在网站上安排好广告单元，计算每次浏览的价格，就能知道每次浏览的净利润。假设每个页面每次浏览获得 0.1 美元。现在给内容发布平台设定一个吸引访客所需要的成本。如果它们能以 0.05 美元的成本让一个访客访问网站，那么每一次浏览就能获得 50% 的利润。内容发布平台一旦了解到这一点，就会相应地扩大规模。花 500 美元赚 1 000 美元，没有人会拒绝。

那么现在对于内容发布平台来说，最大的梦想就是获得自然的回头访客——把你的内容发布平台当作信息站的人。这意味着你能从这些用户身上获得百分之百的广告收入，因为你不用付费将他们吸引到你的网站上。但是要达到这样的水平需要一些时间以及非常优质的内容，而生产优质的内容实际上非常难。因此，购买访客更加简单、快捷、实惠。

精明的内容发布平台利用内容做"诱饵"吸引访客，增加网站的访客量。它们设置吸引眼球的标题，就像在数字媒体之前的印刷媒体的做法一样。但是内容发布平台也越来越多地利用以社交媒体广告、内容推荐为主的付费分发方式，来扩大内容的触达范围。

这些都是现代数字内容发布平台套利工具的一部分。

案例研究

内容推荐：新加坡经济发展局和 Outbrain

新加坡经济发展局是负责为新加坡吸引外商直接投资的政府机构。2014 年 3 月，新加坡经济发展局重新推出了新加坡商业新闻网站，这是一个涵盖了新加坡关键外商投资政策以及亚洲商业趋势等内容的网站。

新加坡经济发展局希望增加《新加坡商业新闻》的用户基数，并将其内容推广给更多的美国商业用户。2014 年 4 月，新加坡经济发展局通过媒体代理商 MEC 与内容推荐平台 Outbrain 合作。

　　新加坡经济发展局能够利用 Outbrain 在美国的 1.9 亿名独立访客来与新用户连接，从顶级内容发布平台向新加坡商业新闻网站引流。仅凭借在美国的 1.9 亿名独立访客，Outbrain 帮助新加坡经济发展局联通新用户，从最优质的的内容发布平台引流。

结果

- ·　6 个月内新加坡商业新闻网站每日流量增长 40%；
- ·　每天新增访客 900 名；
- ·　头条标题点击量提高 4 倍；
- ·　平均网站驻留时间 3 分钟；
- ·　宣传推广开始之后订阅用户增长了 66%。[1]

为什么有效?

　　这是一个很好的例子，利用内容推荐平台规模化地促进特定市场中的相关用户参与。宣传推广能成功，不仅因为新加坡商业新闻网站的推广内容质量很高，而且因为内容发布平台的环境具有相关性。持续的内容优化极大地提升了头条标题的点击率。保证定期有新鲜内容发布，这也促进了宣传推广的成功。自宣传推广活动启动以来，平均 3 分钟的网站驻留时间和 2/3 的用户增长就是很好的证明。

库浏览：内容发布平台在实践中如何套利

注意过这样的情况吗？当你点击一个吸引眼球的网络标题时，经常会跳转到另外一个充满其他广告内容的网站页面。这就是内容发布平台实际上套利的方式。通常，点击内容之后，你会被带到一个库页面，被吸引，然后一个接一个地点击库页面里的页面。想过为什么吗？这并不是出于美学的考虑。从用户体验来看，这些页面很烦人。这都是因为网页浏览量。每点击一个页面，你就会看到更多广告，这意味着更多曝光量，对于内容发布平台来说就意味着更多的广告收入。可能一个访客只有几分钱，但是乘以几十万、几百万，就是很可观的收入了。库页面对于网页月度浏览量非常有利。内容发布平台会利用库页面促进增长，增加用户量，提升可能的广告收入。

库页面是实际套利方式的一部分。内容发布平台意识到如果能够花费 0.05 美元让用户点击标题内容，跳转到网站的其他页面，那么第二个页面浏览将获利 0.1 美元。实际上花费了 0 美元，并在用户访问的任何额外页面都获得了 100% 的收入。这就是库页面受欢迎的原因。每当你点击首页之外的页面时，内容发布平台就能 100% 获利。

如果花费 0.05 美元为网站引来用户，每次页面浏览赚 0.1 美元，用户共点击了 3 个页面。那么将赚到 0.3 美元，减去媒体成本 0.05 美元，也就是有 0.25 美元的利润。

总而言之：

· 每个访客媒体成本——0.05 美元；

· 页面一利润——50%（0.05 美元利润）；

· 页面二利润——100%（0.1 美元利润）；

· 页面三利润——100%（0.1 美元利润）；

· 每个访客总利润——0.25 美元。

内容发布平台这样的计算方式源于广告的付费方式以及广告购买方式。大部分内容发布平台按照一个每千次展示费用的费率计算广告收入。

这意味着广告的每千次浏览量，都会给内容发布平台带来收益。知道这个，你就可以像上面一样计算每次网站访问的价值。获得一个访客，就能保证这个费率。但是当内容发布平台想为网站购买流量的时候，不会购买广告的每千次展示费用的浏览量。它们只为实际点击付费，根据每次点击成本模式和相应网站访问量来购买。

这意味着他们"只为收获付费"，不用为没有带来新访客及广告收入的部分付费。

这样的商业模式并没有什么问题，它支撑着大部分数字出版活动。在这个竞争激烈的行业中，采用付费的方式将内容推荐给相关用户是每个内容发布平台都应该做的事情。

CPM 首字母缩略谜题

CPM 是 Cost Per Mille 的缩略词，在数字广告行业中，它是最常使用的缩略词之一。它代表每千人成本。这是大部分数字广告通用的购买模式。当然，问题是为什么使用拉丁文的千 —— mille。在数字广告中，没有其他任何缩略词使用拉丁文的缩写。对于一个缺乏传统、高度精英化的前瞻性行业来说，这样的用法令人困惑。

点击诱饵

正如上述内容，当广告收入如此可观，而其背后的商业模式又相对容易建立、执行、规模化时，就会有人最大化收益，努力推进极限。这时候就出现了"点击诱饵"。它的主要目的是吸引关注，鼓励访客点击链接进入特定网页。

如今，每一条标题都是为了吸引注意力，以及"鼓励访客点击"。5 年前，"点击诱饵"这个词还很少出现，而现在这种说法非常普遍。但是很多人都忘了，早在印刷媒体时代就有点击诱饵了。你仔细想一下：报纸标题和杂志封面不就是一种点击诱饵的形式吗？这并不是什么新的东西。

用户已经习惯了，他们并不傻。他们从几公里外就能分辨出过度宣传的标题或者荒诞、夸张的语句了。但是记住，越多的访客就意味着越高的广告收入，为了使利益最大化，很多网络上的标题变得越来越过分，甚至具有误导性。

我们都看过非常具有诱惑性、让我们忍不住去点击的标题，这些标题通常是不假思索的，例如"简直不敢相信奥巴马在任最后一天对特朗普说了这些"。或者它们包含一些引人注目的图像：好看的男人和女人、暗示性的姿势、用计算机修改过的图片、让人震惊的图像等。

通常标题和缩略图会一起引起你的兴趣。一个常见的技巧是这样的，标题为"你不知道这25个名人已过世"，配图是一些你非常确定还在世的名人。

作为内容的消费者，人们总是希望寻找新的故事在这个智能手机的"集体篝火"前分享，所以这样的内容自然会抓住我们的兴趣。"噢！我不知道他们已经去世了。"这是自然反应。那么，你会怎么做？你当然会点击标题。然后怎么样呢？你会逐渐失望。预期远远高过现实。

我们发现，点击后用户会被带到一个库页面，没有提及任何缩略图上的名人，只是一串你早就知道已经去世的名人名字。这是不正确的广告，内容质量差，骗不了任何人。

点击诱饵价值交换

在这个例子中，用户的价值交换非常糟糕。它暴露了广告的头等罪状：承诺过多，实现过少。当用户对于内容质量的期待与对平台所提供内容的感知不匹配时，这就是问题了。

尽管有数以百万的读者很乐意被奇特的缩略图或者关于名人不当行为的信息吸引，但是在大部分情况下读者预期的价值交换都无法得到满足。这是主要的问题，并不是点击诱饵本身的问题。努力用标题吸引点击并没有错。但是，如果标题不符合预期，那还有什么价值呢？

虚假消息

尽管所有内容发布平台对于采用点击诱饵都感到愧疚不安，但是它们对于曝光量的永不满足以及曝光量代表的数字广告收入，使网络上的虚假消息越来越多。这是革命性的一步，为了获得更多浏览量和更多收入，从点击诱饵发展到一个新的水平，或者说，一个新的低点。

事实的真相（与后真相相反）是，尽管虚假消息增长的背后有政治因素，但是在社交媒体、内容推荐工具或者其他宣传推广平台上发布、推广、分享的大部分虚假消息，和政治没有丝毫关系。这些消息仅仅是点击诱饵，是为了尽可能多地吸引用户，然后使每次访问的收益最大化。

如果虚假消息如此令人愉快，为什么还要发布真消息？

近几个月，有很多关于虚假消息的报道。虚假消息第一次获得关注是唐纳德·特朗普在美国大选中获胜的时候。据说虚假消息在影响中间选民上起了重要作用。无数媒体报道很多马其顿青少年被雇为内容写手，使社交媒体充满虚假的故事。

我们读到我们如何活在一个后真相的世界中，谁的喊声最大，谁说的就是真理。这就是媒体密切关注的问题。Brandwatch 的研究报告显示，从 2016 年 10 月到 2017 年 1 月中旬，有 54 000 个媒体故事标题中带有"虚假消息"。[2]

虚假消息背后的经济动机

数字广告收益支撑着这些虚假消息，也导致产生更多的虚假消息。这样的情况令人遗憾，但这就是事实真相。政治层面的问题可能会引人注目，但这仅仅是内容发布平台毫无原则地利用虚假消息获得巨大广告收益的副产品。

像脸书这样的媒体巨头不得不采取一些行动。虚假消息确实使脸书这样的平台陷入糟糕的境地。没有可信的真相核实资质，如何辨别消息是不是"假"的？正如脸书新闻信息流部副总裁亚当·莫塞里在 2016 年 12 月的一个新闻声明中所说："我们（脸书）认为每个人都应有发言权，我们不能成为真相的仲裁者。"

2016 年底，脸书宣布了和谐升级措施，例如举报有疑问的信息更容易了，对有争议的第三方信息进行标注等。但是脸书也表示将继续研究如何破坏对垃圾信息发布者的经济奖励。新闻声明这样写道：

我们发现很多人发布虚假消息背后的动机是经济利益。发布垃圾信息的人冒充知名新闻机构，发布谣言引导人们访问他们的网站。他们的网站上充满广告。所以，我们采取了一些措施，减少他们的经济动机。[3]

毫无疑问，今后像脸书这样的社交媒体平台将会采取更多措施来减少虚假消息带来的威胁。这是一场正在进行中的抗争，那些在脸书等社交媒体平台投入大量资金的广告商正密切关注着这场抗争。

"骗子、欺诈犯、操纵者"

内容推荐平台也参与到这场虚假消息的争论中，非常想表明它们的立场。2016 年 11 月 28 日，特朗普在大选中获胜后，Taboola 的创立者、首席执行官亚当·辛戈尔达在博客文章中强调，Taboola 已经制定了广告商内容准则：

Taboola 平台绝不允许任何虚假消息出现。[4]

Taboola 是全球最大的内容推荐平台之一，每天推荐 120 万条内容，每个月服务 10 亿名用户。文章中列举了 Taboola 为了识别、过滤虚假信息采取的措施和流程。为了应对算法的漏洞问题，Taboola 采用人工内容识别的方式。

辛戈尔达在文章中强调了数字媒体行业中另一个让人困扰的问题：无论什么时候，只要新的产品、服务或者广告形式出现，就一定会有不择手段的"骗子、欺诈犯、操纵者利用每个新的广告分发渠道（特别像 20 年前搜索广告、展示广告的情况）"。

隐蔽者

关于 Taboola 的文章中还谈到了"隐蔽者"的问题，以及其对于内容推荐工具的影响。隐蔽者是指那些开始提交合法内容，通过人工审查流程，再用虚假内容替换的广告商。为了解决这个问题，Taboola 推出了 Taboola Choice（一项可以让用户进行个性化选择的设置服务）。用户可以通过 Taboola Choice 选择自己喜欢的内容，并举报他们不喜欢的内容或者具有欺骗性的虚假、有害的内容。

隐蔽广告就是那些为了利益不惜一切代价的人采用的典型

方式之一。辛戈尔达总结道：

　　虚假内容是整个行业的挑战。所有线上广告公司及内容分发公司都在努力寻找解决方法，对付这个不断升级的猫抓老鼠游戏。

虚假消息，实际问题

　　2016 年 11 月，BuzzFeed 报道称，脸书上关于选举的虚假消息获得的参与度，比《纽约时报》《华盛顿邮报》、NBC（美国全国广播公司）新闻等 19 个颇有信誉的主流新闻媒体上，所有选举报道获得的参与度都要高。[5]BuzzFeed 引用的数据让人震惊：来自虚假网站、偏激博客的 20 条关于选举的虚假信息在脸书上获得了 8 711 000 次分享、回复和评论，其他新闻机构在脸书上获得了 7 367 000 次分享、回复和评论。

　　2016 年 12 月，益普索公众事务研究发起的一项投票显示，75% 的美国成年人可能相信虚假消息。[6]调查发现，如果将脸书作为消息来源，美国人更愿意相信消息的真实性。益普索的克里斯·杰克逊认为，2016 年的美国总统选举意义重大，因为这"可能在现代政治历史上具有标志性意义，信息和虚假信息成为重要的选举筹码"。

广告欺诈和机器流量

不同的报告显示，所有的网络广告都具有欺骗性，有些仅有2%，有些则高达90%。这意味着这些广告通过了机器审核，骗过了相应的测量指标和货币广告模型、网络，它影响着整个行业。欺诈情况非常普遍。这种情况很难根除，因为大部分广告商并不是故意采用具有欺骗性的宣传推广活动的，内容发布平台在套利购买流量的时候也没有主动购买机器流量，任何有信誉的科技公司都不会和这种广告商合作。但是广告欺诈情况依然存在。

这种情况影响了所有数字广告，包括原生广告。程序化广告交易从某种程度上使得欺诈者更容易混到数字广告市场中。欺诈者可以面对更多广告产品，以及更多希望购买优质广告产品的买家。很少有直接的一对一关系，狡诈的欺诈者采用更复杂的策略。例如，镜像一个合法的网站，在交易者合法购买的广告产品中夹带欺诈信息。这是最常见的策略，所以必须非常警惕。

为了检验网站流量的真实性，人们采用了很多复杂的工具，一些商家使用像Moat（互联网广告分析工具）、Integral Ad Science（分析数字广告投放价值的技术工具）这些可以在任何数字产品上使用的第三方工具来保证曝光量的真实性。但是想要领先一步非常难。

以上所有这些情况都不仅仅是原生广告独有的问题，而是数字广告行业的普遍趋势和问题，根植于数字广告行业，很难消除。

一些人认为原生广告是黑暗中的白衣骑士，注定可以通过更干净的广告、更高的标准以及更多技术创新手段解决问题，将"恶魔"打入深渊。还有一些人认为原生广告也只是黑暗的一部分，是一种必然会被追求经济利益的无耻之徒玩弄、利用、破坏的新工具。

品牌安全

在广告领域，品牌安全逐渐成为一个流行词汇。品牌安全是什么意思呢？这个词语用来描述品牌对于展示、推广其广告的环境的担心。随着数字广告经费逐渐增加，程序化自动购买模式越来越受欢迎，这样的担心变得非常普遍。关于程序化购买的口头禅是：你买的是观众，不是网站。

更加精准的定位能力和自动购买工具，可以帮助品牌精准地找到最适合投放广告的用户，无论这些人身处哪里。这没错，我们整本书都在讨论这件事：数字广告的优势是能够根据用户数据筛选、定位、投放相关的广告。但这也是问题所在。品牌担心它们的广告在互联网上出现在不合适的内容旁边或者不合适的网站上。

过去，有无数例子证明品牌安全曾经被破坏：横幅广告出现在色情网站上，视频广告出现在可疑的视频之前或者中间，定向广告出现在敏感或者不合适的新闻内容旁边。对于广告商来说，如何以及在哪里投放广告预算是真正的问题。

在英国，2017 年出现过一次广告商强烈抵制的情况。2017年 2 月，《泰晤士报》发布了一篇调查，称数字广告不经意间资助了恐怖主义。[7]文章称，一些"世界一流的大品牌在不知情的情况下通过网站广告资助了宗教激进组织、白人至上主义者以及色情产品生产者"。程序化数字广告是被指控的首要目标，文章称"用于拦截数字广告出现的黑名单并没有作用"。这篇文章引发了轰动，甚至惊动了议会，致使品牌安全成为很多品牌最为关心的事情。

2017 年 3 月，英国品牌安全问题升级了。包括世界顶级传媒机构哈瓦斯集团在内的很多广告商，出于对品牌安全的考虑，撤回了对谷歌在英国的数字广告支出。哈瓦斯集团表示，谷歌"不能提供具体的保证和政策来确保其视频或者展示内容可以迅速分类、妥当筛选"，所以它撤回了广告费用。[8]

品牌安全是数字广告行业中一个普遍存在的问题。在本章中我们已经讨论过这类情况。品牌安全的问题是：质量有等级吗？能够花很少的钱，同时保证不会破坏品牌声誉，不会将广告投放在网站的角落里吗？或者放在一些用户有时候确实会看到的地方，但是你确定希望他们在那种地方看到你的广告吗？

数字广告

由《理解数字营销》作者、马施云国际财务
团队合作伙伴达米安·瑞安撰稿

广告商和媒体正在学习什么是"责任"。忽略用户兴趣的代价逐渐显现。在隐私和尊重数据方面的问题逐渐暴露。

现在，有责任感的营销人员会向媒体平台提出更多问题。

- 怎么知道流量是真实的？是用户参与了我的广告还是机器？

- 从哪里能得到这些数据？符合《通用数据保护条例》吗？

- 我怎么知道你不会把我的广告放在让人讨厌的内容边上？

近期大批品牌离开 YouTube 视频网站就是这种责任感的体现。用户也感受到了这些问题，他们不喜欢被迫面对一些令人厌烦、不负责任的广告商。广告拦截软件的出现，清楚地表明了我们挚爱的互联网市场应该往什么方向发展。

安全地做生意。安全参与。在时间和金钱上有价值。我相信，对于将信任作为商业优势并投资建设它的品牌，将是互联网下个阶段的胜利者。

原生广告及品牌安全

原生广告并不能保证品牌安全，但是可以保证品牌广告出现在你期望的网站上。如果你选择有信誉的品牌和内容发布平台合作推广品牌内容，那么在这些网站上你的品牌会比较安全。

同样，大部分信息流分发原生广告平台都向广告商保证了较高的透明度。我们和众多内容发布平台合作保证规模，但我们也和内容发布平台保持了直接的合作关系。我们会不断评估它们的网站。我们与内容发布平台合作以保证品牌安全。例如，我们会屏蔽不适合推广广告内容的网页，采用严格的关键字以及分类拦截列表。

在程序化购买广告产品的时候，提供商也会共享所有主要推荐信息，这样购买者就知道他们的广告被推广到了哪里。此外，原生广告提供商和内容发布平台都希望将原生广告产品程式化打包，提供给购买者，在商议好的网站链接上创建一个私有交易市场协议。

这些方法使原生广告商及他们的合作伙伴可以更好地保障品牌安全。

原生广告挑战

这就是原生广告所处的环境。虚假消息、点击诱饵、广告欺诈、品牌安全，这些都是数字广告行业面临的挑战，也是原生广告如果想继续保持合法性和有效性将面临的挑战。

利用内容作为广告通货有一些限制，特别是内容会被无耻之徒利用。内容的失败会使数百万名用户感到失望。这对于以内容分发为基础形式的原生广告来说是非常严峻的问题。这些行为破坏了社交媒体平台、原生科技公司以及内容发布平台的工作，使其变得毫无价值——如果用户对广告商的这些原生广告产品失去了信任，那么这种形式能否成功就是问题了。

这些数字广告问题不仅破坏了平台，破坏了拥有编辑团队和准确报道标准的优质内容发布平台的工作，而且还有更大危害。这些问题使广告收入减少，浪费了市场营销人员本该用于推广优质内容的广告经费。

最终这些投入媒体宣传的经费换来的只是一些布满不准确甚至错误内容的广告页面。其背后可能是妄图一举领先的数字广告创业者，但也能是参与复杂犯罪机构、恐怖主义的人。这意味着优质内容发布平台的广告收入会减少，这些平台的投资资源也会减少。

2015年7月，IPC Pricing（广告定价平台）的创始人阿里·罗森贝格在《媒体邮报》（*MediaPost*）的文章中这样描述现代数字出版行业："如今，对于传统内容发布者来说，线上市场竞争圈子已经变得很大……内容发布平台正在和它们看不到的对手进行竞争。"他继续解释了为什么这种竞争对于传统的、家喻户晓的媒体发布平台有更加不利的影响，因为"优质内容发布平台将精力和资源投入在获得、培养、抓住用户的注意力上，而广告收益则被奖励给更容易失去用户注意力的网站"。[9]

原生广告并不是解决这些问题的办法。广告行业目前面临的重要任务是，在没有潜在陷阱的情况下，获得极大规模的数字媒体的保证；只在适合品牌的环境和数字"社区"中触达目标用户。原生广告本身既是问题的一部分，同时也是解决方案，这取决于你从什么角度看待这件事。再次强调，这需要"让各方满意"。

但是，随着人们的担心程度逐渐增加，未来我们可能会看到期待已久的"转向质量"。广告商及其使用的技术将更好地过滤不合适的品牌环境，阻止违规利用广告系统。原生广告将毫无疑问地"转向质量"。

内容发布平台对于原生广告的看法
由三一镜报集团战略总监皮尔斯·诺思撰稿

2011 年前后那段时间可以被视为原生广告的开端。越来越多的用户转向移动端，媒体购买更加自动化，脸书加入广告业务，这些都推动了原生广告发展壮大。

纯粹的原生广告推崇者会认为，原生广告实际是在

20 世纪 90 年代末以搜索营销的形式出现的。付费搜索结果是最终的广告形式,真实地反映了环境的形式和功能。所谓"展示"用了 20 年才发展成为原生广告。

既然原生广告已经有了非搜索形式,那么它似乎将不可避免地发展壮大。移动消费越来越多,意味着传统广告形式正面临挑战。

尽管如此,也不能说原生广告已经脱离了传统形式,进入了完全不同的世界。原生广告始终是广告,一些原生广告的形式和传统广告差别并不大。但是原生广告适用于所有设备,创意越来越简单,参与率也更高,能够将广告以适合的方式作为内容营销分发工具或者传统的宣传和表现信息,这些都让原生广告成为数字广告行业的"瑞士军刀"。

比如,原生广告和视频将成为未来几年中内容发布平台的两大主要动力。原生广告为移动货币化挑战提供解决方案,同时也提升了内容营销效果,扩大了内容营销规模。

这并不是说原生广告本身是传统内容营销的生命线。内容发布平台在标准展示广告模式中的争论不会在一夜之间消失,例如低收益率、超过文内匹配买入的受众以及过于复杂的广告技术价值链等。但是原生广告至少提供了一个框架,未来可以在此框架之上努力构建以内容为主导的广告商业模式。

第十三章　内容工作室的兴起

在了解内容工作室前，你不必深入研究内容营销和原生广告。内容工作室，也叫内容实验室，已经逐渐成为很多品牌自主内容营销以及品牌内容原生广告的核心部分。它们是领先的内容发布平台——例如《纽约时报》、《大西洋月刊》、《卫报》、《电讯报》、《三一镜报》、《经济学人》、石英财经网、《金融时报》等——的商业内容分支。

实际上，几乎所有大的内容发布平台都将拥有定制内容工作室，致力于为客户提供品牌内容解决方案。例如，2017年销售原生广告的网站从2015年的218家增加到超过1 000家。[1]

它们的目的是什么？为世界顶级品牌提供创新内容解决方案，制作获奖的品牌内容作品。最好的内容工作室对于商业内容领域有着天然的理解，它们善于采用"从内容发布平台的角度思考"这一营销准则，因为它们就是内容发布者。内容工作室的大部分员工都拥有编辑背景，擅长讲故事。这意味着他们从不缺少想法，知道什么能和平台用户产生共鸣。但是，或许对于品牌来说最重要的还是他们才华横溢，具有丰富的新闻编辑经验，知道如何制作内容。他们具备将广告制作成激动人心的故事的能力。

这是内容发布者一直在做的事情，不是吗？所以，你可能会问，他们为什么还要成立内容工作室？为什么选择现在成立？

原因在于经济和洞察力。过去，一个品牌（和内容发布平台销售代表）想要编辑资源是一场艰苦的战斗。"教堂"和"政府"是完全独立的。编辑的任务是撰写社论式广告，尽管很多时候他们觉得这样有失身份，因为写广告并不是他们的工作。或者，他们认为写广告并不是自己的工作。但是随着原生广告的发展，内容解决方案逐渐支撑起内容发布平台的数字广告收入。独立的商业内容项目逐渐增多。以故事为核心的广告唤起目标用户的深度参与，市场不断扩大。这就是未来发展趋势。因此，越来越多的内容发布平台认为应该在商业内容能力方面进行投资，内容工作室由此兴起。

专业商业内容团队

通过将内容工作室分出编辑团队，内容发布平台向品牌及品牌代理商表明自己已经拥有专业团队负责商业内容。商业内容不再只是编辑的事后想法，也不会在编辑团队中被无限期搁置。

　　但是，什么是内容工作室？它是一个充满创意的代理机构，还是一个编辑团队？它负责编辑内容还是制作广告？对于过去的客户代理关系是挑战还是为品牌和代理商带来价值的补充？这些问题的答案都取决于内容工作室、资源以及整体商业目标。

　　最好的内容工作室兼备上述特点。它们是了解编辑过程的创意代理机构，不仅能制作编辑内容，还能制作广告，通常这两项工作同时进行。它们能够理解用户媒体模型中代理商的需求，而不是拒绝代理商投入资源。最好的内容工作室会和各方通力合作，在创新能力的基础上增加商业思维，将想法转化成现实。

内容工作室规模化

　　商业内容工作室相对来说仍是一个新现象。大部分工作室运营都不到 5 年。内容发布平台将内容工作室作为重要数字领域创新，大举投入，广泛推广。一些内容发布平台坚信内容工作室是解决收益日渐减少问题的良方。

　　但这是否有缺点呢？缺点就是维护所有这些内容专业人士的费用昂贵。无论是为用户制作编辑内容，还是为品牌设计商业内容，或制作好的、让人觉得有趣的内容，这一过程需要很长时间。问题是需要花时间的事情很难规模化，而在数字广告领域，规模化就是一切。

维持薪水高昂的内部员工很难。内部员工的任务不仅是一个项目接着另一个项目地创造新鲜、有趣的内容，而且要尽量兼顾以内容为核心的广告所需要的各种文件签署、重复工作以及审批流程。此外，如果大品牌和代理商制作出令人惊艳的多媒体品牌内容，那么广告商对于内容发布平台工作室的作品就会有非常高的期待。昂贵的多媒体内容和视频很快就会将利润消耗殆尽。

拓展内容范围

说到内容分发，就要谈到范围问题：大部分内容发布平台不能达到广告商出钱要求的"有机"范围。这就意味着很多内容发布平台不可避免地会通过购买额外的流量或关注来拓宽范围，一般点击量计费从内容推荐、社交媒体、信息流原生分发供应商处购买。这样就能触达足够多的用户，使宣传推广活动获得成功，但是这些活动的媒体方面的花销从利润中出。此外，精明的代理商知道，可以从相同的供应商处购买相同的活动，可以比内容发布平台花更少的钱。

所有这些都可能会使内容发布平台陷入困境：培养创意及内容分发两方面的费用可能会极大地压缩利润。

内容发布平台的经济转型

你需要很多高收入岗位才能维持一个高标准创意团队，代理商一直都明白这一点。这也是为什么代理商与客户合作都是采用预付费模式。这样的模式可以让代理商更好地管理收入，这对于计划像雇用员工这样的事情来说非常关键。《泰晤士报》、赫斯特等内容发布平台尝试按照预付费模式向用户收费，但是现在大部分内容工作室还是以项目为单位收费。这对于规模化来说非常具有挑战性，并不是所有内容发布平台都能做到这一点，能做到的内容发布平台将在结构组成、理念、融资方式等方面越来越像内容代理商。

> **对《纽约时报》广告市场营销和创新部门创意总监**
> **迈克尔·比利亚塞尼奥尔的采访**
>
> 迈克尔·比利亚塞尼奥尔是一名获得过大奖的创意总监，热衷于挑战用户经验和广告的现状。他的每个项目都集合了创意思维、新兴技术，以及简单、利落的设计美感。

如何用一句话描述原生广告?

原生广告是在接纳周围用户体验和交互的数字广告世界中为品牌创造机会,创造无空隙的参与。

用户体验是类似的。例如,广告视频和编辑视频内容在信息流中以同样的方式播放,但是像标签、视觉提示、不同背景颜色、不同字体等设计使广告和编辑内容有所区别。

你喜欢原生广告这个词吗?

我认为贴上"原生广告"标签使其和"其他"广告之间有一种不同寻常的区别。我喜欢将广告分为"更加原生"和"不太原生"。两者的区别是创意中包含更多品牌标志还是更多网站或用户内容。

你觉得为什么原生广告如此成功?

原生广告的成功有以下几个关键原因,包括但不限于:在有限制的环境中仍能发挥效果,不限于页面边角位置或者标准尺寸;原生广告能够融合特定页面风格,在大环境中提供一个融合体验。

你在一家享有声望的新闻机构工作。对于那些认为原生广告模糊了"教堂"和"政府"边界的人,你想说什么?

《纽约时报》将新闻编辑部生产的内容和 T 品牌工作

室生产的内容进行了清晰的区分。读者的信任是我们工作
中最重要的方面。品牌内容不应该被定义为会混淆读者，
或者破坏我们和读者之间的关系。

从创意者的角度来说，原生广告形式中你最喜欢什么？

我喜欢原生形式的限制性。这些限制在很多方面为设
计者提供了更多的机会，使设计者可以制作与网站视觉风
格相似的原创、优美的产品。

从创意的角度来说，如何实现移动呢？

关于移动的创意经历了从已有的平板电脑的方式到更
小的形式的过渡。在《纽约时报》，我们从设计的角度、
实用的角度以及用户经验的角度，考虑如何将广告"融
入"。和侵入型广告相比，移动广告在信息流中可以扮演
更活跃的角色，这一点十分明确。

你们最成功的原生广告作品是什么？

我认为"付费邮件"模式很成功。它不仅为广告商提
供巨大的机会按照 T 品牌工作室创造的方式展示品牌故
事，也让读者清楚了解到这是一种付费展示机会。

你认为代理商和品牌真的"了解"原生内容吗?

了解。在过去两年中,我看到很多概念变成现实,有极大的进步和灵活性。T品牌工作室创立的品牌视频内容就表示出了这种现象。

你认为原生广告内容创作者需要什么样的技能?

想要成为优秀的品牌广告编辑,需要具备写作方面的能力,最好是报纸杂志写作。我们的很多编辑经验丰富,为很多大的内容发布平台撰稿,为品牌提供高品质的原创作品。

你认为未来10年原生广告的发展情况会是什么样子的?

随着平台和网络框架的变化,未来原生广告将继续发展、变化。从印刷品作为唯一媒介的时代开始,原生形式就一直存在,随着读者的阅读习惯改变而变化,不会消失。然而,我想象未来的原生广告将从现在的完整页面模式变得更完整、更细化,可以用更多的方式来消费,用于更广阔的平台。

第十四章　对于原生广告的反对意见

关于原生广告的书，如果不讲讲对原生广告的反对声音，那么就不够完整。在某些地方，提到"原生广告"这个词就相当于最恶毒的咒骂。

他们为什么反对原生广告？

在出版行业中，有些人把原生广告当成披着羊皮的狼，不遗余力地反对，更别提鼓励了。批评者认为原生广告形式从本质上脱离了广告的基本信条：编辑独立性。在出版行业中最常说的就是"政教分离"，即编辑团队和广告团队分离。

和在千禧年之前退休的编辑聊一聊，你很快就会发现报刊编辑很幸运，他们在职业生涯中从没有了解过支撑他们薪水的商业交易。他们的工作仅仅是考虑他们的目标用户，思考如何创造吸引目标用户的内容。当然，这些编辑知道什么样的标题和首页能让报刊销量更多，但是他们通常不知道广告商在寻找什么读者数据。关键绩效指标、效果指标、读者参与等，他们也完全不了解。

与之相反的是，广告团队并不知道编辑团队哪天要发布什么内容，特别是日报。原生广告的反对者认为，这种"原生广告"业务模糊了编辑团队和广告团队两者之间的界限。如果出版刊物失去了公平叙述故事的精神，那么这本刊物的品质就存在问题。很多人认为，更大的风险是原生广告会毁掉整个出版行业的信誉。如果很难分辨一篇文章是记者不带偏见、自由撰写的，还是有商业品牌支撑的，那么信任就会变得很难。内容好坏并不重要，作品背后的动机会让读者带有偏见。这不仅会影响读者对某个出版刊物的信任，而且会影响读者对他们读到的所有东西的信任。

由 BBC 前科技通信记者丹尼尔·埃默里撰稿

印刷出版业正在衰落，想继续生存就需要保持收支平衡。很多商业因素在发挥作用，原生广告、商业内容和数字广告只是其中的一部分。某种模式，例如《卫报》向读者募捐，可能并不是一个可持续的商业模式。

过去，广告商负责广告，记者负责内容。现在，基本上是混在一起。市场营销人员、公关工作人员、广告商、记者、社交媒体等，都制作被称为"内容"的东西，涵盖很广的范围。

从某些方面来看，这是内容出版的黄金时代，但同时光鲜的表象下也暗藏危机。如今，让内容触及用户非常容易。但是每个人都在做这件事情，所以你需要更有创意，才能将内容传达给用户。

每个人都在生产内容，记者和普通人之间没什么区别。如今，传统记者正在消亡。资源越来越少，记者没有时间像以前一样去核查事实。我们正逐渐步入一个"通稿"时代，新闻内容来自新闻网站、谷歌新闻趋势、脸书趋势文章等，永远一字不差地重复相同的内容。

面对商业压力，记者"出卖"了自己的灵魂吗？在这样的情况下，如何区分真实和虚构？在信息时代，人们对于信息和内容的需求并没有减少。如今选择多种多样，但是并没有相互制衡的机制帮我们鉴别内容的真实性。

85%的广告预算都被脸书和谷歌收入囊中，而其他媒体公司争夺剩余资源。因此，你就能理解为什么像事实核查和调查性新闻等昂贵商品正在减少。这是一代新闻从业者的衰落吗？可能是。如果谷歌或者脸书也介入新闻采集，而不仅仅是作为大的新闻中间商，那么会发生巨大的改变。

> 会出现这种情况吗？谁也不知道。按照目前的情形来看，未来非常模糊。大众需要弄清楚他们是更想省钱，免费获得新闻，还是希望获得有用的信息。

约翰·奥利弗和原生广告

《约翰·奥利弗上周今夜秀》是 HBO（有线电视网络媒体公司）一个非常著名的节目，它始于 2014 年 8 月。这个节目本就专属于原生广告，为原生广告的普及做出了巨大贡献。喜剧演员约翰·奥利弗在节目中把原生广告描述为"改换意图的牛杂碎"。[1] 即使是最好的原生广告案例也被他描述为"像听凯蒂·佩里的歌"。他的意思是说，即使听起来还可以，但是你也知道还有更好的音乐，也就是说还有更好的原生广告案例。

记者、博主、媒体评论员安德鲁·沙利文 2013 年 1 月在他的博客中强调了这种商业和道德难题：

对于广告创新和带来收益的互联网创意我非常钦佩。没有这些创新，报纸杂志出版业将消失。但是如果广告内容和编辑内容无法有效区分，岂不是杀鸡取卵、竭泽而渔？[2]

原生广告是抨击现代出版业的常用词吗？

值得注意的是，这其中还有更广泛的原因。很多反对者并不一定是针对原生广告本身，而是针对更广泛的影响，内容发布平台面临持续的商业压力，以及编辑内容和广告之间的界限模糊。

以前，原生广告是反对者们常常使用的一个"笼统"的词。2014 年，BBC 记者罗伯特·佩斯顿曾经将原生广告一词形容为"奥威尔式官腔词汇"。[3] 这个形容准确描述了原生广告要想获得认可需要面对的反对意见。对于那些用尽毕生精力报道、写作、生产、传播内容的人，原生广告就代表着商业干涉了本不应涉及的领域。

既然原生广告已经成为一种成熟的媒介方式，越来越普遍，并且从某种程度上来说已经成为消费者日常媒介消费习惯的一部分，那么这样的担心有所减少吗？

如今担心的声音比过去少了，但这在很大程度上是因为编辑们逐渐认识到了商业现实而选择接受，并不代表他们现在喜欢所有和原生广告相关的事情，他们只是勉强接受原生广告这种方式。

但是随着原生广告不断发展，内容发布平台做了很多工作来保持编辑内容和广告相互独立。

- 建立像《卫报》实验室、《纽约时报》T 品牌工作室、

《电讯报》的火花创意工作室这样的新部门，聘请商业编辑，只负责创造商业内容（见第十三章，内容工作室的兴起）。

· 内容发布平台也将商业内容的发布过程单独分出来。商业内容和非商业内容通过内容发布平台的内部内容管理体系进行发布，而不是将所有内容混合在一起。大部分内容发布平台都利用原生科技直接将流程和工作分开，这样商业团队就能直接在网站上发布内容，而不需要内部内容管理体系，也不需要麻烦内容团队帮他们发布内容。这样的方式可以有效地存储不同内容，区分编辑团队和商业团队的职责。

· 更好的标签。市场已经逐渐成熟，内容发布平台及整个行业都更具有一致性，也有最佳实践案例可参考，这些都将使流程更加优化。

· 更好的单元。很多内容发布平台都对其原生广告单元进行调整，使广告内容和编辑内容有些细微的差别。比如在广告内容单元加阴影，使广告更加突出，或者采用通用的广告支持标志，让用户知道带有此种标志的内容为广告，向他们重申他们所看到的东西是广告。这样的做法减少了很多对于原生广告的反对声音。

数字广告行业本身也在发挥作用。品牌继续创造出吸引用户参与的内容，而非"强行推销"，更真诚地为目标用户提供信息。这一点一旦做得更好了，反对者也会减少。

正如我们在本书中所讲的一样，原生广告将会逐渐发展，越来越好。这是未来的趋势。如果内容发布平台想生存，就有责任和广告商紧密合作，创造出满足用户期待的更好的原生广告作品。

品牌内容营销迅速发展，其中原生广告是非常重要的一部分。但这意味着内容发布平台并不是唯一的信息渠道。品牌也可以选择直接和消费者对话。但是品牌仍然想和优质的内容发布平台合作。为什么呢？因为优质的内容发布平台有用户，合法且值得信赖。

内容发布平台对于原生广告的反对意见都有什么？

我曾无数次向内容发布平台推荐我们的原生广告科技。以前，在原生广告刚刚兴起的时候，人们对于原生广告这个词都还不太了解，我们花了大量时间向内容发布平台介绍原生广告的机制，解释它具体如何运作。任何内容发布平台，无论规模大小，只要提出反对意见，我们都能按照以下几个方面进行解决。

公开 / 标签

内容发布平台非常担心广告周围的标签以及公开信息。因此它们会想，虽然把广告正确地标记为"广告"是它们必须承担的法律责任，但是它们也希望用户体验不要受到影响。任何原生广告公司、内容发布平台、广告商或者技术提供商都不希望原生广告以不恰当的方式公开。诱导用户点击广告，或者欺骗用户点击他们不想看到的内容，这在很多国家都是违法行为，而且这样对于广告确实毫无益处。对于内容发布平台和广告商都没有好处。如果你创造出好的品牌内容，应该很乐意署名推广，并且愿意充分披露所推广的内容是付费的。

公开：所有原生广告的必备元素

尽管原生广告在外观和风格上模仿周围的编辑内容，但是这并不意味着原生广告是故意"欺骗"用户，使其与广告进行互动。我们与之互动的大部分原生广告都带有标签。任何内容发布平台、社交平台或技术供应商都不会考虑在不以任何形式公开的情况下推广原生广告。

大部分原生广告会带有像"由……支持"、"由……赞助"或"……广告"这样的标签，或者根据原生广告产品的不同类型、不同内容发布平台给出类似的标签。很少出现违反规定的原生广告案例，这是因为原生广告行业发展迅速、不断创新，总体来说市场自我监督做得很好。

如果不完全公开推广的是付费内容，那么对于企业来说没有任何益处。为内容署名应该让你感到自豪。这种充分公开不仅会在消费者中建立信任，而且也是很好的品牌推广。记住，并不是所有人都会点开广告，但是每个在信息流中浏览的人都会看到你的广告，会读到广告标题，而你的品牌作为赞助商会显眼地展示在页面上。

不要再考虑广告公开的问题了，记住你需要做到公开，剩下的一切就交给合作的内容发布平台、原生广告平台来做就好。你最好多花时间，提出好的内容营销创意。

原生广告单元的定位

对于一些内容发布平台来说，这是一个很难实现的目标。在解释了原生广告的工作原理，了解了现在数字广告生态系统如何围绕信息流运转，以及广告商如何努力接近用户之后，说到如何融入内容发布平台，内容发布平台的反应是："如何融入展示单元？"

仿佛原生广告的好处都被忽视了。这些内容发布平台想获得新的收入机会，但是不想做任何改变。这很令人沮丧。

和一个内容发布平台坦白交流过之后我才发现，有些内容发布平台面临的问题是，在内部"销售"原生广告。我记得非常清楚，一个内容发布平台建议我们将原生广告嵌入分类页面的横幅广告位置。对此我表达了强烈不满。我建议更换另外一个位置，一个信息流中已有的内容单元，位置明显，周围是编辑内容。对于我们的原生广告来说是非常完美的位置，效果会非常好，可以极大提升收益。内容发布平台方叹气，沉默良久，然后对我说："戴尔，和你说实话吧！我用了 3 年时间和编辑团队及商业主管争取，将分类页面的右边栏目归商业团队。这是我们的广告位置，而其余的位置归编辑团队。这就是为什么我想把你的广告放到这个位置。"他停顿了一会儿，继续叹气说道："现在你想让我再找编辑团队告诉他们我想要编辑单元的位置吗？"挂断电话前，他愤怒地说道："还需要 3 年。"

上述对话体现了内容发布平台在采用第三方原生广告时，内部面临的问题。我花了很长时间，和编辑团队开会协商多次，最终将原生广告放在了信息流位置。这个内容发布平台至今仍是我们的重要合作伙伴。

编辑的反对意见

正如前面所说，编辑团队对原生广告充满敌意。在如今的出版环境下，大部分天真的编辑都没有认识到内容发布平台所面临采用原生广告形式的商业必要性。编辑们对用户想看到的东西了如指掌，为用户提供内容和体验，所以很容易理解为什么编辑会反对原生广告。一些内容发布平台是编辑团队说了算，还有一些是商业团队做主。这两种都不是最理想的模式。关键是在编辑、广告商和用户之间找到平衡。

编辑和广告商之间界限模糊，总会成为原生广告的潜在阻碍。但是正如我前面所说的，内容发布平台要更好地标记广告，让人容易理解，清晰地公开广告，更好地进行广告测评，从内部将商业内容的创作和分发分开，这些都是减少反对意见的方法。

广告控制

如何保证广告商及其广告信息适合用户，是很多内容发布平台采用第三方原生广告时担心的事情。展示广告网络、视频网络或者原生广告供应商也会担心这个问题，但是以我的经验来看，相较于其他广告形式，内容发布平台对于网站上不适合的原生广告更加担心。这是为什么呢？其实这是在称赞原生广告的形式。内容发布平台更关心，是因为它们像网站上的访客一样，注意到了网站上的原生广告。例如，展示广告网络会有广告盲区的问题，广告会被忽略。对于内容发布平台来说，控制出现在用户面前的广告，这非常重要。原生广告也有和其他广告形式一样的安全措施。广告商黑名单、话题屏蔽、网域封锁、互联网广告局分类拦截都是最常见的方式，还有更严格的内容发布平台需要所有广告预先批准。

内容发布平台的价值

对于品牌广告商来说，优质内容发布平台的真正价值在于，它们吸引了用户，并建立了平台权威。没有人希望享有声望的平台失去声誉。从广告的角度来说，这是灾难性的伤害。品牌希望进行广告合作的媒体，如果贬值到一定程度，就会变得无关紧要。经历了一个世纪印刷时代的积累，读者对于报纸的质量充分信任，这是任何初创数字内容发布平台或者品牌都没有的优势。

内容发布平台成功的关键是面对商业压力保持权威，保持编辑团队的信誉。这并不是一件容易的事。内容发布平台继续从自己的角度思考，品牌不要用资金改变新闻，这很重要。内容发布平台和品牌双方都有责任。

品牌、品牌代理商、广告业界和广告技术供应商都热衷于争取线上访客的"点击文化"，一直在争论如何实行。内容发布平台也不例外，这是解决方案的一部分。未来，如果问题解决得当，原生广告将为内容发布平台带来经济收益，使内容发布平台得以更好发展，也可以保持编辑团队的信誉。

第五部分

原生广告的未来发展

第十五章　程序化原生广告

在前面的章节中，我们清楚地介绍了三种原生广告类型。对于品牌来说，这些原生广告类型并不互相排斥。每种原生广告都有其独特的优势。

但是或许在如今的原生广告界，采取程序化原生广告潜力更大。虽然这样的说法可能存在争议。就像原生广告本身一样，程序化原生广告机遇与挑战并存。

什么是程序化原生广告？

在研究程序化原生广告之前，我们先了解一下什么是程序化广告。在广告、营销领域，程序化是指采用软件买卖广告的过程。或者说，就像广告媒体 Digiday 在《什么是程序化》一文中对于程序化的介绍一样，程序化总的来说就是用机器购买广告。[1]

程序化为广告商和媒体提供一个平台，通过复杂巧妙的报价系统，建立规模经济效益。交易过程很大程度上自动化完成。很多程序化广告通过实时竞价系统运行，因此交易实时持续。整个系统由复杂的科技、平台和创新流程支撑。近些年，程序化为数字广告行业带来巨大变革，将整个行业带入未知的发展方向。但是变化非常迅速，无可避免。

2030 年的广告买卖情况将和 2000 年有天壤之别，就像现代生活和青铜时代的差别一样巨大，改变非常迅速。对于程序化和自动化为广告行业带来的变化，我能想到的最好的参照就是一代人以前金融行业所发生的巨大变化。20 世纪 80 年代和 90 年代初，交易科技的迅速发展为金融行业带来了巨大改变。旧式的"交易场"被更精准、交易量更大、更有保障的软件取代。如今，广告行业发生的变化与之类似。程序化广告对于广告业的影响，使其与如今的交易股票和证券类似。

2017 年 2 月，Business.com（商业网）的媒体及收入策略总监凯尔·布赖尔利曾这样描述程序化交易和金融交易：

程序化购买实际上非常简单，几乎和股票市场一样。每股的价值由稀缺以及更重要的供求关系曲线决定。相同法则也适用于媒体清单。[2]

2017 年 3 月，一项试点服务曾经尝试用与金融市场相同的技术创造一个广告"期货市场"。纽约互动广告交易所向一小部分试点群体发布。纽约互动广告交易所以纳斯达克的交易架构和区块链科技为基础运行。

这个行业现在正经历着广告销售与购买方式的巨大转变。原生广告也是这个进程的一部分。

原生广告程序化

程序化交易最初只介入数字横幅展示广告和视频广告交易，这些是最早开始程序化的广告产品。直到最近，原生广告才开始程序化交易。为什么呢？主要原因是数字。准确地说，是 2.3 这个数字。觉得疑惑不解？让我来简单解释一下。

在采纳实时竞价 2.3（OpenRTB 2.3）协议之前，不可能通过程序化平台运营原生广告。问题在于与横幅广告和视频广告相比，原生广告中有变化的部分。横幅广告，在进行程序化交易的时候，通常是简单的文字——一行代码，将其加载到编程平台，然后程序化地为你的横幅广告购买广告空间。但是，如果你需要在平台上上传标题、内容描述、图片、露出方式，该怎么办呢？从技术角度来看，一个广告可能需要 3~4 份不同的数据。程序化平台无法做到这一点。直到引入美国互联网广告局的实时竞价项目——实时竞价 2.3 协议来支持原生广告行业以及行业标准化。这一切都发生在 2015 年。如今，程序化原生广告已经成为一门大生意。本书第五章中预测的大部分原生广告支出增长都是源于程序化原生广告。

本书第六章中列出的信息流分发排列主要由程序化原生广告支持。为什么呢？程序化保证了自动化、标准化的广告交易，减少了内容发布平台和广告商的工作量。程序化也使原生广告和展示广告的效果形成了对比：以点击率和表现指标进行比较，原生广告通常会胜出。所以你会看到越来越多的广告支出从展示广告转移到原生广告上。

2017 年 3 月，原生平台 Nativo 宣布与程序化需求方平台的贸易部门整合，这意味着 Nativo 纯原生形式将首次实现程序化交易。Nativo 纯原生形式和内容发布平台与品牌合作的内容原生广告相似，允许赞助内容停留在内容发布平台网站，而不会跳转到品牌登录页面。[3]

这是创新性的进步。这只是科技推动原生广告程序化的一个例子。未来，程序化交易将成为购买广告的常见方式，这是未来的趋势。

谷歌和原生广告

在前面的章节中，我们展示了近几年原生广告惊人的增长。对于增长背后提供支持的科技公司来说，这意味着巨大的成功。在未来几年中，这样的成功将继续大幅增长。程序化原生广告是增长的关键，为科技公司的成功奠定基础。增长势头迅猛的是原生广告，特别是移动端原生广告。

因此，难怪数字技术的顶级公司正在小心审视原生广告行业。2016 年，谷歌公司宣布了其原生广告计划。7 月，谷歌宣布广告商将通过 DoubleClick 广告交易平台程序化地购买原生广告。谷歌网站上的 DoubleClick 时效这样写道：

> 通过 DoubleClick 平台建立原生广告将使你的原生广告策略成为数字广告策略的一部分，而不是孤立的一部分。可以将 DoubleClick 的定位、购买、测评功能，这些你熟悉的程序化手段，应用在原生广告上。[4]

广告商现在可以上传原生广告"变化的部分"——标题、预览图片、描述或介绍文字，谷歌会将这些内容组合成广告所在网站或者应用软件的文字风格。这在很大程度上是原生广告的信息流原生分发形式，也是原生广告的主要程序化工具。

这是谷歌首次涉足原生广告，也必然不会是最后一次。毫无疑问，谷歌在测试原生广告形式的影响力。谷歌需要保护其价值数十亿美元的搜索业务，任何对于交易方式的调整都需要进行充分的试验。

但是正流行的原生广告可不是这样。一旦谷歌的注意
力转向数字广告行业的任何一方面，那么这时候所有人都
会关注。因此，如果说原生广告需要商业机会的支持，那
么这就是机会了。

程序化原生广告对于广告行业的十大改变

很多市场营销人员对于程序化原生广告感到困惑，担心程
序化原生广告过于复杂、规模较大、定位不明确，但是程序化
也有明显的优势。程序化原生广告将会改变未来的原生广告。

原生广告将成为整体数字营销策略的一部分

新的广告形式有时会在整体营销中陷入孤立。这其中有很
多原因：测试预算有时和营销的整体目标不一致；对于关键的
策略营销，广告商不愿意依靠新的广告形式。程序化原生广告
意味着更容易将原生广告整合到营销活动中。原生广告不再需
要依靠自己的"内容"或者"原生"库，它可以很容易地融入
整体数字计划中。

移动端程序化原生广告

移动端程序化原生广告交易将有爆发式增长。毫无疑问，原生广告是移动端营销最理想的形式。正如我们在前面讲到的一样，信息流迅速成为品牌分发内容的最有效方式，移动端广告全部都是围绕信息流而展开的。

数据将变得越来越重要

实时买卖交易为原生广告带来了全新的数据机会。程序化原生广告意味着视频广告、展示广告、原生广告这些广告形式的数据更为标准化，形成更加有利于原生广告的数据对比。

透明度将变得越来越重要

程序化原生广告允许很多规模经济，广告实时服务于用户、内容发布平台以及内容发布平台垂直行业，但是规模化发展带来了透明度的问题。如果想要最大化程序化原生广告机会，市场需要保证品牌安全。

可视度将成为一个严重的问题

正如透明度一样，内容发布平台环境的可视度也非常重要。原生广告真的能被看到吗？广告参与是由什么构成的？要想说服程序化原生广告的反对者，降低广告欺诈的可能性，这些问题非常重要。复杂的测评工具将变得越来越重要，因为这些工具可以用来检测广告质量，确保广告投放。

创意审批流程

内容是原生广告的核心。随着内容发布平台将广告位向程序化原生广告开放，广告行业需要审批流程。实际上，内容发布平台审核原生广告营销已经有一些标准了。审核流程最重要的是减少内容发布平台对于程序化市场交易的担忧，避免不合适的广告出现在内容发布平台上。

内容发布平台将成为广告科技专家

随着原生广告程序化发展，内容发布平台的科技专家将越来越多。越来越多的内容发布平台将会在专家上投入更多，并和专业的原生广告平台合作，以获得增加广告收入的机会。内容发布平台需要更多"专职"专家。这些专家了解头部竞价、器间传递、私有市场、程序化预留等程序化科技，而他们需要做的就是将广告位的程序化机遇最大化。目前，广告行业，无论是买方还是卖方，都缺少熟练的程序化专家。未来，行业中的这方面问题亟待解决。

掌握时机就是一切

程序化原生广告为整个原生广告位开辟了实时竞价。实时竞价意味着在原生广告宣传推广中把握时机非常重要。优化内容、图片、视频，以及实时效果，对于达到广告宣传推广关键绩效指标非常重要。

我们将有更多的时间用来思考创意

随着广告商有更多时间来思考策略以及整体的宣传推广目标，创意性自然会增强。原生广告无疑是最具有创意的数字广告形式。内容创意无穷无尽，规模科技和程序化实时竞价保证了这些创意不受技术或用户的限制。但我们做的流于表面。

我们会有更多时间关注全局

程序化原生广告完成了原生广告营销中的大部分困难工作。

现在，大部分广告商在进行广告宣传推广时，疲于应付无数内容发布方、平台、创造性资产。程序化方式将商业流程和营销流程变得更为规范，为营销者留出更多时间来思考策略和目标。

总结

程序化原生广告仍处于发展初期，但是原生广告程序化所需要的科技支持已经完备，这将使越来越多用于程序化交易展示广告的资金被投入原生广告形式中。程序化就是统一数字广告交易方式，毫无疑问将成为未来广告交易的主要形式。科技和广告形式都将不断变化发展，随着规模不断扩大，会有更优化的宣传推广和目标定位。虽然程序化也面临着一些挑战，其中很多我们已经在本章中讨论过了，但程序化本质上是一个工具，一个非常有力且利润可观的工具。一旦广告商和内容发布平台学会高效使用这个工具，它就会被所有营销者接受。

第十六章 下一代原生广告

在前面，我们讲过未来原生广告市场将如何迅速增长。在第五章，我们讲到 2020 年，全球原生广告市值将达到 850 亿美元。我们讲到了在这个现象级增长的背后，移动浏览、品牌内容、无处不在的视频广告、程序化交易方式，以及消费者对于广告态度的改变都发挥了重要作用。我有信心，这样的增长一定可以实现。原生广告的增长路径已经定型，而市场总体来说会遵循这样的趋势。

我们将在本章谈论未来的一些改变，重点关注从长远来看原生广告会如何发展。例如，10 年甚至 15 年到 20 年之后，原生广告会是什么样子？预测未来是一件很有挑战的事情。但是这也是一项很重要的工作。为什么呢？因为只有了解过去、现在以及未来，我们才能充分了解原生广告的全貌。

只有展望未来，我们才能确信在数字世界中的一条众所周知的真理：没有什么会一成不变，一切都在变化中。现在的事物将来就会成为过去式。我在本书中和大家分享的想法和建议未来一定会被新的思考方式、新的产品所替代。正如英国首相哈罗德·麦克米伦的那句名言："事件，亲爱的孩子，大事件！"[1]但是我这样说并不是为了让你望而却步。我想强调的是原生广告还会不断发展。

只要还有数字广告，原生广告就会继续发展，分出更多的类别、子类别。但是如果能预见原生广告如何发展，了解过去，从中洞察未来的改变，那么你就可以做好充分的准备，从中获益。你甚至可能处于有利地位，亲自推动原生广告的发展。你可能会发现一种新的原生广告类别，一个新的商业角度，利用科技为一直寻求创新和产品差异化的广告市场注入新鲜血液，带来新的创意。

所以，我们来总结一下未来原生广告将会是什么样子。

进入黄金期：原生广告蓬勃发展

原生广告已经完成了"概念验证"阶段。营销人员逐渐了解原生广告的优势，正在增加预算支出。程序化原生广告带来了交易方式的进步，品牌更容易匹配到合适的原生广告形式。随着展示广告单元逐渐减少，原生广告规模将扩大，移动原生广告将成为最大的数字广告形式。同样，随着广告商对于这种广告发行方式及其优势越来越熟悉，内容发布平台的品牌内容解决方案与内容发布平台合作产品将越来越受欢迎。全球各地的原生广告市场都将迅速增长，5 年后，原生广告将成为最主要的数字营销支出。

品牌细分，以及平台和产品的科技创新将在各处涌现，但是在不久的将来，原生广告最关键的发展趋势是采用人工智能技术。

资金涌入市场

随着资金涌入原生广告市场，越来越多的人将会进入这个领域。一些用户会产生疑惑，这将有助于用户更加清晰地了解不同原生广告产品类别。市场将需要参考这些原生广告的定义和分类，才能得心应手地使用这些产品。幸运的是，在前面的章节中我们已经简要谈到了这些原生广告类别。

将会有大量新的原生广告企业进入这一领域，其中大部分企业曾经负责展示广告，为追求市场成功转型做原生广告（这种情况已经出现，并且将会越来越多）。如果这些前展示广告公司以不恰当的方式进入市场，那么将会伤害原生广告市场，并使广告商和媒体自身都疲惫不堪。

想要转型成功的展示广告公司，将会收购或合并已有的原生广告公司，以获得市场份额、运营经验、市场声誉，利用原生广告公司独特的市场专家经验。已有的原生广告公司将有责任开拓新的广告形式、广告市场，强化已有的广告标准、工作方式，主导创新。

- 像谷歌、脸书这样的大型数字广告公司将会继续推进它们的原生广告。
- 不同类型的商业模式将会增加，机构和内容发布平台将会在原生广告技术、分发及原生内容上加大投资。这些企业会将已有商业模式的风险最小化，将内容营销增长及原生广告市场最大化。

市场将在合并中逐渐成熟

获得充分支持的企业将会出现，挑战"拥有"某些类别及子类别的原生广告。其中一些企业今天已经存在，但对于投资者来说是未发掘的原生广告资源，也有很多全新还未开发的原生广告企业准备就绪。

市场将会变成什么样子？

未来，原生广告市场将会变成什么样子还没有清晰的定论。到 2022 年，会出现一个数字广告巨头在某方面"掌控"原生广告市场吗？这样的巨头能够挑战谷歌和脸书的双头垄断地位吗？原生广告市场将被已有的主流数字广告公司隔离吗？一些内容发布平台会反抗任何使其独有的原生广告产品商品化的尝试，会为了维持现状采用一些现在还不明确的科技、商业模式或者产品，以期获得繁荣吗？"关注质量"是否代表了行业中以原生广告为核心的经典品牌的复兴？

时间会给我们答案。但是在这一过程中，市场将发生变化，新的品牌将发起挑战，品牌之间会相互兼并。

人工智能的增长

人工智能已经成为数字广告行业中的大新闻。尽管很多主流媒体都在关注人工智能的负面消息，比如失业、不愉快的用户体验、程序化错误等，但是媒体传播和营销行业却对人工智能更为乐观，特别是数字营销人员。对于一个以科技和规模化为基础的行业来说，人工智能的好处显而易见。通过机器学习，人工智能可以比人更加高效、精确地完成某个任务，使流程自动化，这实在是一件令人兴奋的事。在数字广告行业中，人工智能正在慢慢发挥作用。在电子商务领域，很多企业都采用聊天机器人协助客服进行产品推荐。产品将不断被测试、改进、按规格发布。毫无疑问，绝大多数的营销人员相信这些产品将会变得越来越好。

聊天机器人、人工智能及内容推荐

越来越多的内容发布平台开始使用聊天机器人分享、推荐内容。2016 年 3 月，内容推荐平台 Outbrain 推出了 Outbrain for Chat（聊天工具），[2] 使任何内容发布者都可以通过这项服务在几分钟内在像脸书这样的顶级信息平台发布"内容机器人"。这就是 Outbrain 的所谓"对话内容"，结合了个性化推荐和聊天软件内容的编辑把控。这项技术采用了人工智能，可以不断学习，了解用户的喜好，将最新的资讯和最有趣的故事推荐给用户。用户可以浏览、收藏或者在应用软件中阅读文章等。

2016 年 11 月，Outbrain 宣布与时代集团合作，通过 Outbrain for Chat 在脸书的 Messanger（聊天软件）等应用程序中推出个性化、私人信息聊天机器人。计划中还包括分别为美国杂志《人物》《综艺》，英国《新音乐快递》杂志、天空新闻台，日本《日经亚洲评论》的读者，提供新闻、资讯及生活内容。[3]

Outbrain 认为通信将成为未来的一个主要平台，用户将会在这上面花费越来越多的时间。通信软件将逐渐成为新的搜索引擎，聊天机器人会替代已有的网站和很多应用软件。Outbrain for Chat 是 Outbrain 公司试图在"新媒介"中传播原生内容的一种创新性尝试。

原生广告定位及人工智能

Outbrain 这样的公司创造针对通信软件这种新媒介的人工智能学习工具。与此同时，越来越多的公司也在努力改善已有平台广告信息的投放。人工智能为原生广告投放带来巨大机遇。通过引入机器学习和页面深度扫描，广告商对于特定宣传推广活动的定位水平更加准确。

在广告媒介中，环境就是一切。获得的数据越多，对数据了解得越深入，那么获得的实时表现就会越好。原生广告就是要在信息流中，获得尽可能多的关注。这样的能力来自编辑内容以及原生广告之间的相互背书。在其他类型的数字广告，例如横幅广告中，广告的位置是在编辑内容旁边而不是在编辑内容中。内容和广告都在规定好的位置上，没有互相之间的支持，所以情景化较弱。在像横幅广告这样的传统展示广告中，有情景化更好，但并不是必要的。但对于原生广告来说，情景化是必要的因素。广告商一直以来都在追求情景化。对于程序化原生广告来说，这可能会带来规则的改变。

沃森机器人和人工智能

提到人工智能就不能不说沃森机器人。IBM（国际商业机器公司）首任 CEO 托马斯·J. 沃森使 IBM 发展为如今我们熟知的商业帝国。沃森机器人是以他的名字命名的。沃森机器人采用一种认知科技，可以像人类一样思考。用更科技化的语言来说，这是一种问答科技，可以深入分析自然语言问题的内容，并给出准确的回答。为了做到这点，沃森机器人存储了 200 万页自然语言内容，这相当于读了 100 万本书。

开发独一无二的计算机工具是 IBM 一直以来的传统。1997年，IBM 公司的深蓝计算机成功击败国际象棋冠军加里·卡斯帕罗夫。IBM 公司研发沃森机器人是为了击败美国电视智力问答节目《危险边缘》的冠军。2011 年 2 月，沃森机器人在节目中比赛，获得胜利，赢得了 100 万美元奖金。

IBM 利用一系列应用程序接口，将沃森机器人的科技应用到很多不同的商业场景中。很多健康、科学、工程、娱乐领域的人工智能程序，都是由 IBM 沃森机器人提供的。在广告领域，2016 年 7 月，IBM 宣布，截至 2016 年底，未来所有程序化原生广告购买都将采用沃森机器人，这一营销支出将每年超过 5 000 万美元。

沃森机器人和原生广告

2016 年 10 月，ADYOULIKE 将沃森机器人整合到原生广告平台，人工智能语义定位功能被首次应用到原生广告中，我有幸参与其中。但是不得不承认，我的参与作用有限，这个项目主要还是归功于 ADYOULIKE 的首席执行官朱利恩·维迪尔和我们强大的科技团队。不过，参与这个项目还是使我感到非常激动。

整合中的一部分是沃森机器人通过 ADYOULIKE 的全球网络扫描所有优质内容发布平台的页面，按照人思考的方式进行分析：根据语境分析话题、情感、语义，而不仅是扫描关键词。

这样广告商就可以将原生内容以最相关、定位最明确的方式发布在信息流中。沃森机器人监测每个网站上已有的编辑内容在哪里，以什么方式、为何"谈论"某些话题，保证广告商将最好的原生内容发布到合适的地方。

沃森机器人能够以一种前所未有的方式检索已有内容，提供大量全方位数据，不但可以检测内容发布平台的内容，而且可以分析出为何发布。现在，无论广告商和内容发布平台的语义定位在哪个层面，我们都能实时将任何广告内容匹配到编辑内容上。这一点使沃森机器人成为原生广告领域非常珍贵的工具。

ADYOULIKE 绝不可能是唯一在原生广告业务中采用人工智能技术的公司。但是成为首个进行尝试的公司，我们非常荣幸。

作为营销者，我们拥有如此多获取数据的方式，以至于要想高效地使用、分析数据，并根据分析结果在实时场景中设计吸引人的内容，只有通过人工智能才能规模化地实现。因此，未来人工智能将成为原生广告行业的一部分，结合程序化购买领域的进步，人工智能将帮助广告商增强广告相关性，精确广告定位，提升广告表现。

2030 年：预见未来的原生广告

在未来 10 年，原生广告将会朝着我们前文描述的方向发展。在这里，我想谈谈原生广告——实际上也是数字广告行业——未来的发展方向。

一些关键趋势将使技术传教士兴奋起来。无论新科技出现在哪里，消费者都会积极拥抱新技术，广告主导的商业模式也会紧随其后。这些广告模型将逐渐发展成原生广告形式。

借助第三次浪潮的优势

在未来 10 年，将影响我们生活的关键技术包括：自动化、人工智能、虚拟现实技术、增强现实技术以及物联网。这些关键技术每个都值得用一本书来细说，所以我不会在本书中详细讨论。但是我们将逐渐在生活中感受到这些技术的重要性。这些技术将从根本上改变消费者行为和消费者预期。

作为市场营销人员，我们要调整以应对这些新技术的巨大力量，我们要面对数字领域持续的快速变化。消费者习惯也将迅速变化，为市场营销人员带来前所未有的机遇和挑战。富有进取心的市场营销人员将利用这些科技寻求与目标消费者之间建立更深的联系。

其中很多技术已经出现。但是，大约 10 年之后，这些技术将无处不在。

虚拟现实和增强现实将成为现实

虚拟现实越来越普遍。德意志银行数据显示，截至 2016 年底，全世界有 600 万虚拟现实用户。[4] 2016 年 5 月，已经有 5 000 万人下载谷歌 Cardboard（可以体验虚拟现实技术的应用程序），其中 2016 年 1 月份以来新增用户 2 500 万人。[5] 2016 年夏天，《宝可梦 Go》游戏风靡全世界，吸引数百万玩家。其中很多人都是第一次接触增强现实技术。这当然也不会成为最后一次。这些技术势头强劲。未来，很多创业公司会努力将这些技术从"早期尝试者"推广到普通大众市场中。这些将逐步实现。

在原生广告中，虚拟现实和增强现实技术尤其值得一提。为什么呢？因为作为数字营销人员，当你听到马克·扎克伯格说"虚拟现实将成为最具社交属性的平台"[6] 时，当脸书公布的未来 10 年发展规划中人工智能、虚拟现实、增强现实占据整个独立章节时，[7] 你会格外注意。这很重要。

想想脸书和马克·扎克伯格所说的话，虚拟现实将成为下一件大事。那么，虚拟现实可能会改变已有的社交媒体模式。这是个大新闻，不是吗？现在从另外一个角度考虑。脸书目前利用已有的社交媒体模式赚取数十亿美元广告费。正如虚拟现实技术公司 VoleR Creative 的总裁、傲库路思的联合创始人徐东壹所描述的虚拟现实，如果脸书支持新社交媒体形式出现，那么它们肯定也会在新的社交媒体形式下支持、推广新的广告形式，让已有用户群也可以购买广告、推广产品。这只是简单的商业智慧。虚拟现实平台上的广告将会是什么形式？典型的原生广告形式。

浸入式媒体体验兴起

我们将逐渐生活在一个浸入式的、由媒体主导的世界中。360 度视频、图片、电脑游戏以及虚拟现实、增强现实，意味着作为用户，我们可以期待越来越多的浸入式媒体体验。浸入式媒体是指深入影响人感官的数字技术、内容或者图片，甚至可能改变人的心理状态。

在现代营销领域中，"吸引"这个词常常出现。我们总是希望吸引用户的时间，用激动人心的内容吸引用户。吸引很好，但是浸入才是未来的目标。吸引需要营销信息使用户产生一些行为，比如分享、发推特、向好友推荐等。浸入则完全忘记信息，甚至忘记你是观众，来到一个全新打造的现实世界中。

浸入模糊了故事和营销、讲故事者和观众、虚构和现实之间的界限。传立媒体 2015 年发布的趋势报告显示，作为消费者，我们变得"渴望浸入式感官体验，这种体验让我们集中全部注意力，让我们再次感到真实"。[8] 为什么呢？我也不太清楚，但是在一个信息爆炸的时代，我们每天 24 小时收到各种消息及更新提醒，或许我们渴望一种体验，关掉所有消息，享受当下的时刻，完全沉浸在故事中。

通过打破"无形的墙壁"，全面集中注意力，百分之百投入时间，没有其他屏幕干扰，创作以及讲述浸入式故事的能力将变得非常强大。从品牌的角度来讲，这种浸入式体验是一种建立感同身受的捷径，能帮助用户建立起对品牌强烈的好感，培养更高水平的品牌回忆。机会是无限的。

未来，对于浸入式体验的探索将成为市场营销人员的主要任务。数据和创造力将更加紧密地结合在一起。建立浸入式现实的工具将供市场营销人员使用。

沉迷于浸入式新世界

想象一下，如果告诉 1984 年的市场营销人员，未来，他们可以通过点击几个按键，就将一份写好的广告信息或者内容分享给数百万名可能通过手机阅读、分享、点击、购买产品的潜在用户。他们甚至不用离开桌子，也不用和任何人讲话，就可以完成这些。一切都可以通过一台电脑立即实现。这肯定不会有人相信。快进到几十年以后，或者从现在开始想一想那些让人难以置信的事。

到 2030 年甚至更早，现在市场营销人员只能想象的浸入式工具就会触手可及。社交媒体网络以及信息流将会成为通往浸入式新世界的通道，我们将不断浸入、退出。很多工具将出现在社交网络这座"围墙花园"中。但是毫无疑问，也会有独立的工具。营销策略将集中在如何通过信息流"邀请"用户进入这些世界。浸入式和品牌信息将越来越多地呈现在品牌创立或者维持的世界中。

未来，虚拟现实将使更多类型的联系成为可能，比如在世界不同地方的朋友一起度过时光，就像真的在同一个地方一样。

未来的虚拟现实品牌环境

想象一下，这些和朋友家人的联系发生在一个品牌创造的环境中。例如，在两个不同国家的朋友在喜力啤酒或者百威啤酒的虚拟"酒吧房间"里看最近的足球比赛；在雀巢、联合利华或者宝洁的舒适房间里举行家庭聚会；或者一群朋友聚在索尼、耐克或红牛品牌的环境中，听蕾哈娜最新的演唱会。一切都将非常真实。感觉、联系、回忆都是真的，与品牌进行完全的浸入式互动。在这些虚拟现实房间中，人工智能将用来搜集数据，实时搜集虚拟环境中的对话、互动，为品牌提供极具价值的数据观点。将这些数据观点巧妙地加入对话中，用一切我们能想到的方法。这不是强行推销，而是像在对话过程中为朋友推荐一样。

让我们以足球为例。有一群来自伦敦的老同学，现在居住在世界各地——新加坡、日本、印度、澳大利亚、美国。他们都是球迷，决定一起看最新的阿森纳对切尔西的足球比赛。比赛开始，对话不断。很明显，所有人，包括监测对话的人工智能，都是阿森纳的球迷。半场时，一个简单的策略就是屏幕上不会出现统一的广告，而是出现更加个性化的广告，不仅仅是针对阿森纳的球迷，而是针对住在新加坡、日本、印度、澳大利亚、美国的阿森纳的球迷，还有几百个来自平台的其他数据信息可以用来推断每个人的喜好和需求。根据不同的数据，每个人都可以看到不同的广告。

至此，这和现代数字广告的定位非常相似。但是在浸入式品牌世界中，你可以做得更多。作为啤酒品牌浸入式房间的一部分，1990 年以来所有的前阿森纳球员也都在一起观看比赛，这些曾经的球员也都"漂浮"在浸入式房间中，偶尔出现和这群人一起看球。下半场开始时，伊恩·赖特、蒂埃里·亨利、丹尼斯·伯坎普出现在酒吧，和每个人打招呼、"握手"。所有人完全沉浸其中：他们刚刚见过心目中的英雄球员。这是非常棒的经历，可以和同伴一遍又一遍地分享。你说他们下次会去哪里看球呢？

是谁让这一切成为现实？当然是品牌。这就是浸入式，以一种独特、卓越的方式建立品牌叙事。集合了创意、科技、数据、想法来讲故事，不是品牌创作的故事让用户被动填鸭式接受，而是为目标用户创造了环境和机会，在品牌环境中创造他们自己积极向上的故事。

随着人工智能、虚拟现实、增强现实的发展，这只是未来数字广告体验的一种可能。未来，这些技术将成为我们日常生活中固定的部分，也会成为营销者的常用工具。这将成为一种新的媒体形式，但是原生广告也将以新的形式支撑起这种模式。

第十七章　结论：战斗的召唤

正如我在本书简介章节中所讲的，原生广告不仅仅是一种全新、便捷的广告形式。我认为我们看到的是线上广告的发展过程——它如何产生，如何被消费。我也相信原生广告是首个真正的原生数字广告形式。

原生广告从互联网发展最初 20 年左右的竞争性线上广告形式中脱颖而出，以其易变性、易接触性、创新性逐渐发展成为数字广告行业中最主要的广告形式。

原生广告可塑性强，很难定义，但是这也让它充满魅力。原生广告有很多表现形式，可以从其他广告形式、网络媒介——编辑内容、视频、音乐、设计、技术等——中借用参考，来丰富自身形式。原生广告是"变色龙"和"布谷鸟"的结合体。它将吃掉你的午饭，但同时也会为你准备晚餐。有时你喜欢它，有时你讨厌它，就像你对互联网本身的态度一样。

如今从事原生广告工作的人处于数字广告创意的最前沿。

他们不仅采用以传统"创意"想法为主导的方法，而且会利用科技和数据。在原生广告创意团队中，规划购买者、广告运营团队和程序化执行团队，与广告文字撰稿人、商业编辑和设计师一样重要。正如我在第十章中解释的一样（为原生广告的成功而组建团队），这和左脑思维、右脑思维有关系，但更重要的是和团队合作相关。

原生广告处于艺术和科学、创意和数据的交叉点。对于所有人来说，它是一种工具、一个机会，让人们根据清晰的商业目标来发挥想象力。如今在数字广告领域，原生广告是一种实验形式。糟糕的想法不再有借口。从想法到执行，从分析到结果，规模化地进行创意、实现商业目标比过去更容易。

这是我对数字广告行业中所有人的号召——利用好这个工具，培养它，不断试验，让它满足你的需求。你可以脑洞大开或者从小处思考，但是不能毫无新意。试验，试验，再试验，这将使你获得巨大的回报和更多的机会。

我认为，原生广告的崛起不可避免。当然，我的想法可能有些偏颇。读了这么多，你是怎么想的呢？

欢迎继续和我交流：推特 @DaleL_NativeAds，领英 www.linkedin.com/in/dalelovell。

参考文献

第三章　为何原生广告如此重要?

1　Ryan, D (2016) *Understanding Digital Marketing*, Kogan Page, London

2　Pulizzi, J (4 January 2012) Coca-Cola bets the farm on content marketing: Content 2020 [online] http://contentmarketinginstitute.com/2012/01/coca-cola-content-marketing-20-20/ [accessed 27 March 2017]

3　Winnick, M (16 June 2016) Putting a finger on our phone obsession [online] https://blog.dscout.com/mobile-touches [accessed 27 March 2017]

4　Watson, L (15 May 2015) Humans have shorter attention span than goldfish thanks to smartphones [online] www.telegraph.co.uk/science/2016/03/12/humans-have-shorter-attention-span-than-goldfish-thanks-to-smart/ [accessed 27 March 2017]

5　Ogilvy & Mather (no date) Corporate Culture: What we believe and how we behave [online] www.ogilvy.com/About/Our-History/Corporate-Culture.aspx [accessed 27 March 2017]

6　Harari, YN (2015) *Sapiens: A brief history of humankind*, Vintage, London

7　University of Southern California (7 January 2016) Zoning out or deep thinking? [online] www.eurekalert.org/pub_releases/2016-01/uosc-zoo010616.php [accessed 27 March 2017]

8　Society for Personality and Social Psychology (11 August 2014) Can fiction stories make us more empathetic? [online] https://www.sciencedaily.com/releases/2014/08/140811151632.htm [accessed 27 March 2017]

9　Millward Brown (no date) Digital & Media Predictions 2016 [online] www.millwardbrown.com/mb-global/our-thinking/insights-opinion/articles/digital-predictions/2016/2016-digital-and-media-predictions#download [accessed 27 March 2017]

10　Johnson, L (26 July 2016) IAB study says 26% of desktop users turn on ad blockers [online] www.adweek.com/digital/iab-study-says-26-desktop-users-turn-ad-blockers-172665/ [accessed 27 March 2017]

11　eMarketer (21 June 2016) US ad blocking to jump by double digits this year [online] www.emarketer.com/Article/US-Ad-Blocking-Jump-by-Double-Digits-This-Year/1014111 [accessed 27 March 2017]

12　Bi Intelligence (29 November 2016) Ad blocking is declining in Germany [online] http://uk.businessinsider.com/german-ad-blocking-declines-2016-11?r=US&IR=T [accessed 27 March 2017]

13　Mortimer, N (15 March 2015) Six out of Ten Millenials Will Engage with Native Ads When Content Appeals [online] www.thedrum.com/news/2015/03/15/six-out-ten-millenials-will-engage-native-ads-when-content-appeals-0 [accessed 27 March 2017]

14　Nielsen (2015) Screen Wars: The battle for eye space in a TV-everywhere world [online] www.nielsen.com/content/dam/corporate/Italy/reports/2015/Nielsen%20Global%20Digital%20Landscape%20Report%20March%202015.pdf [accessed 27 March 2017]

15　ComScore (2012) Next-generation strategies for advertising to Millennials [online] www.comscore.com/Request/Presentations/2012/Millenials-Report-Download-January-2012?c=1] [accessed 27 March 2017]

16　Windels, J (24 March 2016) Millenials and marketing: Why brands are getting it so, so wrong [online] https://socialmediaweek.org/blog/2016/03/millennials-marketing-why-brands-are-getting-it-so-so-wrong/ [accessed 27 March 2017]

17　Chen, Y (6 April 2016) 'It's like saying everything living in the ocean is a fish': Marketers obsessed with millennials are making a mistake [online] http://digiday.com/marketing/advertisers-cool-millennial-talk/ [accessed 27 March 2017]

18　Sharethrough (no date) Microsoft used content engagement ads to reach Millennials for OneNote's Collective Project [online] https://sharethrough.app.box.com/s/nymu6jx20lzl58emymnwjzyfwvuetxgo and [accessed 27 March 2017]

第四章　原生广告简史

1　Marr, A (2005) *My Trade: A short history of British journalism*, Pan, London

2　*Arizona Republican* (15 December 1911) Advertisement for Arizona Weather [online] http://chroniclingamerica.loc.gov/lccn/sn84020558/1911-12-15/ed-1/seq-8.pdf [accessed 27 March 2017]

3　Hansen, RJ (2014) *The Arizona Republic*, Arizona invites Chicagoans to 'warm up' with ad blitz [online] www.usatoday.com/story/news/nation/2014/01/08/arizona-ad-blitz-targets-chicago/4369197/ [accessed 27 March 2017]

4 Ogilvy, D (2011) *Confessions of an Advertising Man*, Southbank Publishing, London

5 *Guinness Guide to Oysters* (1950) Available at: http://speakagency.com/ wp-content/uploads/2013/03/oysters.jpg [accessed 27 March 2017]

6 Constine, J (20 December 2011) Facebook sponsored story ads to appear in the web news feed in 2012 [online] https://techcrunch.com/2011/12/20/sponsored-stories-news-feed/ [accessed 27 March 2017]

7 Heine, C (26 November 2012) Social media ads go 'native,' will hit $9.2b by 2016 [online] www.adweek.com/digital/social-media-ads-go-native-will-hit-92b-2016-145413/ [accessed 27 March 2017]

8 Greenberg, D (12 May 2012) Five ways native monetization is changing Silicon Valley [online] https://techcrunch.com/2012/05/12/5-ways-native-monetization-is-changing-silicon-valley/ [accessed 27 March 2017]

9 Lovell, D (20 March 2013) Native content growth means brands have big opportunities, *Marketing Week* [online] www.marketingweek.com/2013/03/20/ native-content-growth-means-brands-have-big-opportunities/ [accessed 27 March 2017]

第五章　全球原生广告市场

1 Leggatt, H (24 February 2016) Native ads to dominate display ad spend by 2020, *Biz Report* [online] www.bizreport.com/2016/02/native-ads-to-dominate-display-ad-spending-by-2020.html [accessed 27 March 2017]

2 ADYOULIKE (30 January 2017) Native to be 30 per cent of global ad spend by 2020 [online] www.prnewswire.com/news-releases/adyoulike-research-native-to-be-30-of-global-ad-spend-by-2020-612122003.html [accessed 27 March 2017]

3 Degun, G (23 February 2016) Native ads in Europe to grow by 156 per cent [online] www.campaignlive.co.uk/article/native-ads-europe-grow-156-per-cent/1384650 [accessed 27 March 2017]

4 Meola, A (no date) Here's why native ads will take over mobile by 2020, *Business Insider* [online] www.businessinsider.com/heres-why-native-ads-will-take-over-mobile-by-2020-2016-4?IR=T [accessed 27 March 2017]

5 Twitter (no date) Teman Nabati success story [online] https://business.twitter. com/en/success-stories/teman-nabati.html [accessed 27 March 2017]

6 Facebook (no date) Success Stories: Moeble.de [online] www.facebook.com/ business/success/moebel-de [accessed 27 March 2017]

7 Springham, J (26 July 2016) Africa hits 557M unique mobile subs; smartphones to dominate by 2020 [online] www.mobileworldlive.com/featured-content/ home-banner/africa-hits-557m-unique-mobile-subs-smartphones-to-dominate-by-2020/ [accessed 27 March 2017]

8 Shezi, L (no date) SA's 26 million internet users spend almost three hours a day on social media [online] www.htxt.co.za/2016/04/29/the-stuff-south-africa-26-8-mil-internet-users-spend-most-their-time-doing-online/ [accessed 27 March 2017]

第六章　不同类型的原生广告

1 Aaker, D (2014) *Aaker on Branding: 20 principles that drive success*, Morgan James Publishing, New York

2 IAB (12 April 2013) IAB releases native advertising playbook to establish common industry lexicon, evaluation framework & disclosure principles [online] www.iab.com/news/iab-releases-native-advertising-playbook-to-establish-common-industry-lexicon-evaluation-framework-disclosure-principles/ [accessed 28 March 2017]

3 Alex Bennett (3 April 2014) Brainpower: The online engagement battle is on – Discovery vs. search vs. social traffic [online] www.outbrain.com/blog/the-online-engagement-battle-is-on-discovery-vs-search-vs-social-traffic [accessed 28 March 2017]

4 Matt King (31 August 2016) Taboola generates over 500 new registrations for Amura in first-ever Indian realty flash sale [online] http://blog.taboola.com/taboola-case-study-discovery-generates-over-500-new-registrations-for-amura-in-first-ever-indian-realty-flash-sale/ [accessed 28 March 2017]

第七章　谁会从原生广告中获益？

1 AOP (4 March 2015) AOP releases The Power of Native research report [online] www.ukaop.org/aop-news/aop-news/aop-releases-the-power-of-native-research-report [accessed 28 March 2017]

2 Smart Insights (2017) Display Ad CTR benchmarks – March 2017 update [online] www.smartinsights.com/internet-advertising/internet-advertising-analytics/display-advertising-clickthrough-rates/ [accessed 28 March 2017]

3 Facebook (2017) Company Information Page [online] http://newsroom.fb.com/company-info/ [accessed 28 March 2017]

4 Outbrain (2017) Available at: www.outbrain.com/amplify [accessed 28 March 2017]

5 Dewey, C (19 August 2016) 98 personal data points that Facebook uses to target ads to you, *Washington Post* [online] www.washingtonpost.com/news/the-intersect/wp/2016/08/19/98-personal-data-points-that-facebook-uses-to-target-ads-to-you/ [accessed 28 March 2017]

6 Nielsen (2015) Building brand lift from the ground up [online] www.nielsen.com/content/dam/corporate/us/en/reports-downloads/2015-reports/dbe-pergo-triplelift-case-study.pdf [accessed 28 March 2017]

7 Abramovich, G (17 January 2017) ADI: Holiday 2016 unwraps new online shopping behaviors [online] www.cmo.com/adobe-digital-insights/articles/2017/1/13/adi-holiday-2016-recap-report.html [accessed 28 March 2017]

8 mThink (4 February 2016) Affiliate marketing industry to grow to $6.8 billion over next five years [online] http://mthink.com/affiliate-marketing-industry-grow-6-8-billion-next-five-years/ [accessed 28 March 2017]

9 ADYOULIKE (17 February 2016) Nine out of ten PR agencies see native advertising as an opportunity [online] www.prnewswire.co.uk/news-releases/nine-out-of-ten-pr-agencies-see-native-advertising-as-an-opportunity-569115771.html [accessed 28 March 2017]

第八章　测评：原生广告有效果吗？

1 Designalicious (11 February 2015) Double Click vs Google Analytics discrepancies [online] www.designalicious.com.au/ad-serving/19-double-click-vs-google-analytics-discrepancies [accessed 28 March 2017]

2 DoubleClick for Publishers Help (2017) Available at: https://support.google.com/dfp_premium/answer/6160380?hl=en&ref_topic=6160381 [accessed 28 March 2017]

3 IAB UK (31 May 2016) IAB Content and Native Measurement Green Paper [online] https://iabuk.net/resources/white-papers/content-and-native-measurement-green-paper [accessed 19 May 2017]

4 The *Guardian* Labs (no date) Inspiring people to live more sustainable lives with Unilever [online] https://guardianlabs.theguardian.com/projects/the-unilever-live-better-challenge [accessed 28 March 2017]

第九章　开始原生广告

1 MediaCom (19 October 2016) MediaCom unveils Feed Ready digital content service [online] www.mediacom.com/en/news/news/2016/mediacom-unveils-feed-ready-digital-content-service/ [accessed 28 March 2017]

2 Kate Meyer (11 December 2016) Reading Content on Mobile Devices [online] www.nngroup.com/articles/mobile-content/ [accessed 28 March 2017]

3 Budiu, R (13 April 2014) Scaling User Interfaces: An Information-Processing Approach to Multi-Device Design [online] www.nngroup.com/articles/scaling-user-interfaces/ [accessed 28 March 2017]

4 Instagram (2017) HappyFresh [online] https://business.instagram.com/success/happy-fresh/ [accessed 22 May 2017]

5 Cable, R (3 November 2015) Content without ideas isn't content: a retort to Dave Trott [online] www.campaignlive.co.uk/article/content-without-ideas-isnt-content-retort-dave-trott/1371060 [accessed 28 March 2017]

6 LinkedIn Marketing Solutions (2016) HSBC Case Study [online] https://business.linkedin.com/content/dam/me/business/en-us/marketing-solutions/case-studies/pdfs/05112016_LinkedIn_HSBC_CaseStudy_MM.pdf [accessed 28 March 2017]

7 Lovell, D (2014) The Creative Opportunity Around Native Advertising is Very Exciting [online] https://blog.adyoulike.com/tag/advertising-creative/ [accessed 28 March 2017]

第十章 为了原生广告的成功建立一个团队

1 Chahal, M (4 February 2016) Sir Martin Sorrell on digital, cost-cutting and client-agency relationships [online] www.marketingweek.com/2016/02/04/sir-martin-sorrell-on-digital-cost-cutting-and-client-agency-relationships/ [accessed 28 March 2017]

2 Friedlein, A (7 November 2012) Why modern marketers need to be pi-people [online] www.marketingweek.com/2012/11/07/why-modern-marketers-need-to-be-pi-people/ [accessed 28 March 2017]

3 Minnium, P (2014) Balancing Storytelling and Systematic Thinking: A New Model for Digital Creative Brilliance [online] www.iab.com/news/storytelling/ [accessed 28 March 2017]

4 Trott, D (2009) *Creative Mischief*, Loaf Marketing, London

第十二章 数字商业

1 Outbrain Case Study (2017) [online] www.outbrain.com/case-studies/edb [accessed 23 May 2017]

2 Benes, R (23 January 2017) The global state of fake news in 5 charts [online] http://digiday.com/media/fake-news-charts/ [accessed 28 March 2017]

3 Mosseri, A (15 December 2016) News Feed FYI: Addressing hoaxes and fake news [online] http://newsroom.fb.com/news/2016/12/news-feed-fyi-addressing-hoaxes-and-fake-news/ [accessed 28 March 2017]

4 Siingolda, A (28 November 2016) Fake news is everyone's business – and our responsibility [online] http://blog.taboola.com/fakenewspolicy/ [accessed 28 March 2017]

5 Silverman, C (16 November 2016) This analysis shows how viral fake election news stories outperformed real news on Facebook [online] www.buzzfeed.com/craigsilverman/viral-fake-election-news-outperformed-real-news-on-facebook [accessed 28 March 2017]

6 Silverman, C (7 December 2016) Most Americans who see fake news believe it, new survey says [online] www.buzzfeed.com/craigsilverman/fake-news-survey [accessed 28 March 2017]

7　Mostrous, A (9 February 2017) Big brands fund terror through online adverts [online] www.thetimes.co.uk/article/big-brands-fund-terror-knnxfgb98 [accessed 28 March 2017]

8　Grierson, J, Topping, A and Sweney, M (17 March 2017) French advertising giant pulls out of Google and YouTube [online] www.theguardian.com/media/2017/mar/17/google-pledges-more-control-for-brands-over-ad-placement [accessed 28 March 2017]

9　Rosenberg, A (2 July 2015) *Media Post*, It's an arbitrage media world – premium publishers just die in it [online] http://www.mediapost.com/publications/article/253192/its-an-arbitrage-media-world-premium-publisher.html [accessed 28 March 2017]

第十三章　内容工作室的兴起

1　Moses, L (9 March 2017) 'The model can't hold': Publishers face content studio growing pains [online] http://digiday.com/media/model-cant-hold-publishers-face-content-studio-growing-pains/ [accessed 28 March 2017]

第十四章　对于原生广告的反对意见

1　Wemple, E (4 August 2014) Native advertising is repurposed bovine waste [online] www.washingtonpost.com/blogs/erik-wemple/wp/2014/08/04/hbos-john-oliver-native-advertising-is-repurposed-bovine-waste/?utm_term=.d33fb35dd0d9 [accessed 25 May 2017]

2　Sullivan, A (21 February 2013) Guess which BuzzFeed piece is an ad [online] http://dish.andrewsullivan.com/threads/enhanced-advertorial-techniques/#bf2 [accessed 28 March 2017]

3　Guardian Staff (6 June 2014) Robert Peston's speech warns of threat to journalism from native ads – full text [online] www.theguardian.com/media/2014/jun/06/robert-peston-threat-journalism-native-ads-charles-wheeler-lecture-full-text [accessed 28 March 2017]

第十五章　程序化原生广告

1　Marshall, J (20 February 2014) Digiday. WTF is programmatic advertising? [online] http://digiday.com/media/what-is-programmatic-advertising [accessed 25 May 2017]

2　Brierley, K (22 February 2017) Business.com. Programmatic What? A Comparison of Programmatic Buying and the Stock Market [online] www.business.com/articles/programmatic-buying-and-the-stock-market/ [accessed 25 May 2017]

3　Low, KW (20 March 2017) Nativo partners with The Trade Desk to offer native ads programmatically [online] http://laadtech.com/?p=370 [accessed 25 May 2017]

4   DoubleClick by Google (July 2016) Build beautiful ads at scale: Programmatic
    native in DoubleClick bid manager [online] www.doubleclickbygoogle.com/
    articles/programmatic-native-ads-beautiful-creative-doubleclick-bid-manager/
    [accessed 25 May 2017]

第十六章　下一代原生广告

1   Dilks, D (1993) *Office of Prime Minister in Twentieth Century Britain*, Hull
    University Press, Hull

2   Outbrain (24 March 2016) Outbrain unveils 'Outbrain for Chat' [online] www.
    outbrain.com/about/press/outbrain-for-chat [accessed 29 March 2017]

3   Doody, C (22 November 2016) Outbrain evolves Outbrain for Chat to deliver
    the smartest experience, a look how [online] hwww.outbrain.com/blog/
    outbrain-evolves-outbrain-for-chat [accessed 26 May 2017]

4   eMarketer (11 May 2016) Media companies tap virtual reality to drive
    immersive experiences [online] www.emarketer.com/Article/Media-Companies-
    Tap-Virtual-Reality-Drive-Immersive-Experiences/1013942 [accessed
    29 March 2017]

5   Matey, L (18 May 2017) Google Cardboard platform picks up steam with
    50M app downloads to date [online] https://techcrunch.com/2016/05/18/
    google-cardboard-platform-picks-up-steam-with-50m-app-downloads-to-date/
    [accessed 29 March 2017]

6   Chaykowski, K (24 February 2016) Mark Zuckerberg has a plan to
    bring Facebook users into virtual reality [online] www.forbes.com/sites/
    kathleenchaykowski/2016/02/24/mark-zuckerberg-has-a-plan-to-make-virtual-
    reality-social/#24702d7331f1 [accessed 29 March 2017]

7   D'Onfro, J (12 April 2016) Facebook just showed us its 10-year road map
    in one graphic [online] http://uk.businessinsider.com/facebook-f8-ten-year-
    roadmap-2016-4 [accessed 29 March 2017]

8   Mindshare (2015) Mindshare Trends 2015 [online] www.mindshareworld.com/
    sites/default/files/Mindshare%20Trends%202015_1.pdf [accessed
    29 March 2017]